Yvonne Borowiak

Mehr Selbstliebe in 30 Tagen

–

DAS PRAXISBUCH mit konkreten Beispielen und Übungen

Weil du es wert bist

effektiv Selbstliebe lernen und im Alltag selbstbewusst einsetzen

Inkl. TAGEBUCH

Fabelhaft leben! Verlag

IMPRESSUM

Yvonne Borowiak
c/o COCENTER
Koppoldstr. 1
86551 Aichach

Jahr der Veröffentlichung: 2022

www.yvonne-borowiak.com

Buchsatz und Layout: Danileoart | www.danileoart.com
Covergestaltung: Sprudelkopf Design | www.sprudelkoepfe.com
Umschlagmotiv: Celina Borowiak | celina.jolie.b@gmail.com
Abbildungen im Innenteil: Danileoart, Yvonne Borowiak und
Tanja Erdmann | www.tanjaerdmann.com
Fotos: Sascha Osterhage | instagram.com/sascha.osterhage.photography
Lektorat: Tina Müller | www.tina-mueller.com

Verantwortlich für den Druck: Amazon Distribution GmbH, Leipzig

ISBN: 978-3-910370-99-9

In Liebe für

Celina Jolie, Maira June, Yunus Cem und Elif Cennet,

Tanja und Helga

In liebevoller Erinnerung an

Brigida und Erich,

Janine

Inhaltsverzeichnis

Vorwort

Hast du auch öfter das Gefühl: Eigentlich funktionierst du nur noch und lebst gar nicht richtig? Eigentlich fühlt sich dein Leben gar nicht mehr stimmig an und du hast fast vergessen, wer du wirklich bist? Eigentlich bist du nur noch müde und möchtest einfach mal stehen bleiben und tief durchatmen? Eigentlich möchtest du dir viel öfter Zeit für dich selbst nehmen und dir guttun, aber irgendwie klappt das nicht?

Mit diesem „Mehr Selbstliebe in 30 Tagen"-Praxisbuch möchte ich dir die Gelegenheit geben, aus dem Hamsterrad deines bisherigen Alltags auszubrechen und dir Tag für Tag ein Leben zu gestalten, welches sich wirklich stimmig für dich anfühlt. Lasse mich dich dabei unterstützen, dein Leben auf das nächste Glückslevel zu heben. Weil du es wert bist.

Ich möchte dir 30 Tage schenken, in denen du Tag für Tag mehr Selbstfürsorge und Einfühlungsvermögen aufbauen kannst.

Ich möchte dir zeigen, wie du Tag für Tag dein Selbstbewusstsein erhöhen und deinen Selbstwert stärken kannst.

Ich möchte dir helfen, dich an die erste Stelle deines Lebens zu stellen und deine Bedürfnisse gegenüber anderen selbstbewusst zu formulieren – ohne, dass du egoistisch wirst.

Ich wünsche dir von Herzen, dass du durch dieses Praxisbuch der Selbstliebe zu der Erkenntnis kommst, dass du anderen ohne schlechtes Gewissen und Rechtfertigungsdiskussionen „Nein!" sagen darfst und dich in eine emotionale Unabhängigkeit begibst!

Du wirst Tag für Tag mehr Mut finden, dich anderen authentisch zu zeigen mit all deinen Werten, Bedürfnissen und Gefühlen.

Du wirst mehr und mehr verinnerlichen, dass es völlig in Ordnung ist, nicht nur zu geben, sondern auch zu empfangen.

Und dass du Dinge und Personen loslassen darfst, die dir nicht guttun.

Warum? - Weil du es wert bist!
Du darfst dir selbst guttun!
Du darfst dir Zeit für dich selbst nehmen!
Du darfst anderen gegenüber Nein sagen!
Kurzum: Du darfst dich selbst lieben!

Im Alltag sind die Ansprüche und Erwartungen an uns oft so hoch, dass wir nur noch funktionieren. Wir verlieren den Kontakt zu uns selbst und fühlen uns oft kraftlos und fremdbestimmt. Denn die Umwelt geht häufig lieblos mit uns um. Es gibt viele Regeln, Pflichten und einige Schicksalsschläge. Dies kann zu einem Gefühl der Überforderung führen. Wir fühlen uns hilflos, wertlos und einsam. Wir denken uns: Ich gebe so viel, aber es scheint nie zu reichen. Mein Tag ist viel zu kurz für all das, was ich erledigen muss. Viele Menschen möchten etwas was von mir und zerren an mir herum. Ich kann nicht mehr.

Stopp! Höchste Zeit innezuhalten. Und sich auf das zu besinnen, was wirklich wichtig ist: Du. In diesem Moment. Im Jetzt und Hier.

Es ist höchste Zeit für mehr Selbstliebe, die dir Kraft gibt und mit der du dir ein Leben aufbauen kannst, welches dich glücklich macht!

Dieses Buch möchte dir ganz liebevoll begegnen. Es möchte dich dort abholen, wo du gerade stehst. Dieses Buch möchte dir die Gelegenheit geben und dich anleiten, dich wiederzuentdecken – achtsam, aber auch aktivierend.

Vielleicht bist du gerade traurig und erschöpft, dann nimm diese Gefühle an. Weine. Ruhe dich aus. Vielleicht bist du wütend. Dann boxe in deine Kissen. Gehe raus in den Wald und schreie die Wut raus. Doch dann: halte inne und aktiviere deine Energien nun konstruktiv. Um dir ein glückliches Leben aufzubauen, das sich leicht und entspannt anfühlt. Einfach FABELHAFT!

In 30 Tagen wird sich dein Leben geändert haben, weil DU dich ändern wirst! Und zwar in 2 Schritten:

Schritt 1: In den ersten 15 Tagen wirst du lernen, Selbstliebe im Alltag Tag für Tag zu entwickeln. Du lernst dich besser kennen und wirst gelassener, mutiger und selbstbewusster.

Schritt 2: Und in den letzten 15 Tagen wirst du lernen, diese Selbstliebe in Alltagssituationen wiederum selbstbewusst einzusetzen, um dein Leben insgesamt auf das nächste Glückslevel zu heben.

Denn DU bist das Allerwichtigste in deiner Welt! Du bist wundervoll und wertvoll, genauso, wie du bist! Tief im Innern bist du bereits perfekt. Du hast es nur vergessen und darfst es wiederentdecken. Tief im Innern bist du Liebe, Harmonie und Licht. Du bist bereits vollkommen. Du bist göttlich. Und wir werden das zusammen in 30 Tagen in dein Bewusstsein holen – Tag für Tag.

Ich freue mich, diesen Weg gemeinsam mit dir zu gehen!

Doch bevor wir beginnen:

Lass dich von mir in den Arm nehmen und ganz, ganz feste drücken. Ruhe dich in meinen Armen einen Moment aus. Atme tief durch. Lasse deine Anspannung los. Hier in meinen Armen darfst du dich fallen lassen. In meinen Armen darfst du alle Facetten zeigen, die zu dir gehören- auch die, die du vielleicht selbst nicht leiden magst. Ich nehme dich an, so wie du bist. Komme bei dir an und konzentriere dich auf deinen Atem, der nun gleichmäßig fließt.

Sage dir voller Zuversicht und in tiefem Vertrauen: Alles ist gut so, wie es jetzt gerade ist. Alles hat seinen tieferen Sinn: Wie es war, wie es jetzt gerade ist und wie es kommen wird. Wir sind hier auf Erden, um zu lernen und zu wachsen. Du musst nicht perfekt sein.

Öffne dich. Nimm diesen Prozess des Lebens vollkommen an, mit allem, was sich zeigen wird. Jedes Erlebnis bringt dich näher zu dir selbst.

In den nächsten 30 Tagen werden wir zusammen auf eine spannende Entdeckungs-Safari gehen: Du wirst wilde Wut-Tiger beobachten und scheue Angst-Gazellen treffen. Du wirst zarte Zuversichts-Schmetterlinge wahrnehmen und starken Energie-Elefanten begegnen.

Vielen Dank, dass ich dich auf deiner Safari begleiten darf. Es wird ein unvergessliches Abenteuer werden.

Ich wünsche dir von Herzen viel Freude!

Deine Freundin Yvonne-

von Yvonne Borowiak – Fabelhaft leben!

Yvonne Borowiak

Einleitung

Mehr Selbstliebe in 30 Tagen – das Praxisbuch

Herzlich willkommen zu meinem „Mehr Selbstliebe in 30 Tagen“-Praxisbuch und herzlichen Glückwunsch, dass du dich dazu entschieden hast, aktiv etwas für dich in puncto Selbstliebe zu tun. In nur 30 Tagen wirst du anhand von konkreten Beispielen und Übungen ganz alltagsnah und effektiv mehr Selbstliebe aufbauen und selbstbewusst im Alltag einsetzen lernen. Du wirst lernen, dich wertzuschätzen und ohne schlechtes Gewissen anderen gegenüber Grenzen zu setzen. Damit du endlich das Leben führen kannst, welches du verdienst: Ein Leben, in dem du wertgeschätzt und geliebt wirst, so wie du bist. Denn du bist einfach wundervoll!

Dieses Buch ist ein Praxisbuch, das heißt, es möchte dich zum Mitmachen und Umsetzen motivieren. Denn nur wenn wir etwas erfahren, indem wir es tun, können wir tiefgreifende innere Prozesse durchlaufen und wirklich etwas verändern.

Doch zunächst möchte ich dir im nächsten Kapitel erläutern, was ich unter Selbstliebe verstehe, wie du Selbstliebe im Alltag aufbauen kannst und diese dann wiederum im Alltag einsetzen lernst, um diesen positiv zu verändern.

1.1 Was ist Selbstliebe?

Selbstliebe bedeutet, alle Aspekte unseres Seins aus ganzem Herzen anzunehmen. Sei dir selbst dein bester Freund.

Gehe achtsam, fürsorglich und mit viel Verständnis und Einfühlungsvermögen mit dir um. Vergebe dir selbst, wenn du Fehler begehst und entschuldige dich bei dir, wenn du nicht gut mit dir selbst umgegangen bist. Wertschätze dich und deine Fähigkeiten. Unterstütze dich selbst, dich in deine Größe zu bringen. Und schließlich sei dankbar für alles, was du bist.

Selbstliebe ist also eine Haltung dir selbst gegenüber. Du nimmst dich so an, wie du bist und bist dankbar für all das, was dich ausmacht. Wenn du etwas Falsches tust, nutzt du es, um dich weiterzuentwickeln, ohne dich selbst dafür zu verurteilen und abzuwerten.

Du bist dir selbst eine Insel der Ruhe und Geborgenheit. Wenn du achtsam in dich hineinschaust, wird dir bewusst, wer du bist und was du brauchst. Bist du glücklich und entspannt, so gehst du auch liebevoll mit anderen um. Du wirst die beste Version deiner selbst.

Selbstliebe bedeutet aber auch, sich vor Situationen, Dingen und Menschen zu schützen, die nicht gut für dich sind! Das ist die andere Seite der Medaille. Schütze dich vor Dingen, die deinem Körper schaden, wie zu viel falsches oder zu viel bzw. zu wenig Essen, (überhöhtem) Konsum von Alkohol und Nikotin oder Medien etc. Schütze dich zudem vor Menschen, die dich ausnutzen und dich manipulieren möchten. Schütze dich vor allen Dingen, die dir schaden, dich klein halten und dir deine Seele rauben.

Selbstliebe ist ein spiritueller Ansatz. Denn wenn du lernst, tief in dich hinein zu spüren und wahrzunehmen, was du im tiefsten Innern bist, nämlich Liebe, so bist du automatisch verbunden mit etwas Höherem. Nenne es Schicksal. Nenne es höheres Bewusstsein, universelle Liebe oder Gott. Es ist eigentlich egal, welchen Namen du dem gibst, was du tief im Innern in dir spürst. Die Quelle allen Seins. Wichtig ist, dass du lernst, diese innere Quelle der Liebe und des Friedens in dir wahrzunehmen. Denn kannst du sie wahrnehmen, wirst du aus ihr Energie und

Geborgenheit ziehen. Wirst du in ihr ausruhen können und tiefen Frieden finden, egal, was dir im Außen passiert. Du schöpfst Kraft und positive Energie aus dieser inneren Quelle, weil du erkennst, dass du verbunden bist, eins bist mit etwas Größerem als du. Und dieses Bewusstsein macht dich emotional unabhängig. Dieses Praxisbuch wird dir helfen, Tag für Tag die Verbundenheit zu spüren und dich selbst als Wunder zu erkennen.

Was ist Selbstliebe nicht?

Sich arrogant über andere zu stellen und ihnen geringe Wertschätzung zu zeigen, ist keine Selbstliebe. Wenn du um deine Ziele zu erreichen, anderen schadest und versuchst, ihnen die Verantwortung für dein Glück zu übertragen, ist das auch keine Selbstliebe. Selbstliebe ist, die Verantwortung für dein Glück selbst in die Hand zu nehmen. Du darfst dich lieben, so wie du bist. Deine Seele, deinen Wesenskern als etwas Göttliches ansehen. Das bedeutet jedoch nicht, dass dein Verhalten immer göttlich und ohne Fehler ist. Das muss unterschieden werden:

ICH–mein Wesen–Seele← →mein Verhalten

Rein/Liebe/göttlich← →das, was du Ego gesteuert tust

Unendlich/unsterblich← →endlich/stirbt

Verbindung mit einer universellen Liebe ← →Identifikation mit Gefühlen, Rollen, Gedanken und Anhaftung an äußere Dinge wie Geld, Macht, Status etc.

Letztlich heißt Selbstliebe also im spirituellen Sinne, sich nach innen zu wenden und das Glück in sich selbst – dort, wo die heilige Kraft (Brahman) sitzt – zu finden. In der Yogaphilosophie wird dies auf Sanskrit mit „Sat – Chit – Ananda“ (Yoga Vidya, 2019) beschrieben und bedeutet frei übersetzt: Sein – Wissen – Glückseligkeit. Wenn du dich mit deiner innersten Mitte verbindest, der Quelle allen Seins, dann wirst du unabhängig von äußeren Dingen, selbst von der Liebe anderer. Die innere Quelle oder auch universelle Liebe bringt dir das Gefühl von Einheit und Harmonie. Etwas, das unberührt bleibt, egal, wie die Umstände im Außen sind. Du kannst Anhaftungen an äußere Dinge aufgeben, denn du bist mehr als „dein Haus, dein Auto, dein Mann"... Du darfst es natürlich, wenn es dir Freude macht. Aber identifiziere dich nicht damit. Denn das macht abhängig und du wirst leiden, wenn du es verlierst. Habe es, genieße es, aber identifiziere dich nicht damit. Denn du bist nicht, was du hast. Ist das nicht eine total befreiende Erkenntnis? Du musst dich nicht abmühen, um Status und Geld zu erhalten und darüber Anerkennung und vermeintliche Liebe.

Du musst einfach nur im Moment und ganz bei dir sein- innehalten, still werden und spüren, was du tief im Innern bist: Liebe.

Leider haben sehr viele Menschen in der westlichen Kultur und so vielleicht auch du, verlernt, nach innen zu schauen. Uns wird in der Schule nicht gelehrt, uns mit uns selbst zu verbinden und mit etwas, was größer ist als wir. Im Gegenteil: Uns wird gelehrt, uns immer weiter von uns selbst zu entfernen. Wettbewerb und Leistung zählen sowie das Erfüllen von Erwartungen. Das alles ist keine Selbstliebe. Im Gegenteil: Es ist nach außen gerichtet und das Futter für das Ego. Egoismus richtet sich nach Außen, er ist die Sucht nach Anerkennung, Konsum und Bedürfnisbefriedigung ohne Rücksichtnahme auf andere. Dabei entfernen wir uns immer weiter von unserem natürlichen Ursprung und werden somit immer unglücklicher.

Anmerken möchte ich noch etwas Wichtiges:

Wenn du dieses Buch durcharbeitest, wirst du dich verändern. Diese Veränderung wird anderen auffallen. Und es wird vielleicht einige Menschen geben, die versuchen werden, dich von diesem Weg abzubringen. Sie versuchen dir vielleicht ein schlechtes Gewissen dafür zu machen, dass du dich um dich selbst kümmerst. Denn es gibt Menschen, die uns klein, schwach und gefügig halten möchten, um unsere Energie für ihre Interessen und Bedürfnisse einzusetzen. Deshalb wirst du von diesen Menschen dann hören, dass du egoistisch bist oder immer „mit dem Kopf durch die Wand" willst. Diese Menschen stört, dass du dir deiner Werte mehr und mehr bewusst wirst und beginnst, danach zu leben. Diese Menschen nehmen es dir übel, wenn du dir ein glückliches Leben gestaltest. Sie sind schlicht weg neidisch, denn du schaffst, was sie selbst aus eigener Kraft nicht schaffen können: Du liebst dich selbst und nimmst dich und die Aufgaben, die dir das Leben stellt, an. Es kann sehr anstrengend werden mit solchen toxischen Menschen. Sie arbeiten oft mit Manipulation und Schuldgefühlen. Du erkennst sie daran, dass du dich nach einem Kontakt mit ihnen oft traurig, wütend, schuldig – einfach schlecht fühlst, obwohl du nichts Schlimmes getan hast.

Mir war es jedoch wichtig, bereits in der Einleitung zu erwähnen, dass du kein schlechtes Gewissen oder Schuldgefühle haben musst, wenn du dir ab sofort mehr Zeit für dich selbst nimmst und dir dein Leben so gestaltest, wie es sich stimmig für dich anfühlt. Du wirst dich verändern und diese Veränderung wird, wie gesagt, nicht jedem in deinem Umfeld gefallen. Lasse dich jedoch dadurch nicht aufhalten! Du weißt selbst, was das Beste für dich ist, wenn du auf dein Bauchgefühl hörst. Und du bist es wert, dass du dich selbst in den Mittelpunkt deines Lebens stellst und dich fürsorglich behandelst – du also die Verantwortung für dein Glück übernimmst und zeitgleich anderen die Verantwortung für ihr Glück überlässt.

1.2. Wie kann ich Selbstliebe im Alltag lernen und im Alltag wiederum einsetzen?

Selbstliebe im Alltag lernen, bedeutet, dass die Übungen so ausgewählt sind, dass sie in deinen Alltag passen beziehungsweise gut in deinen Alltag zu integrieren sind. Zudem sind die Beispiele ebenfalls direkt aus dem Leben gegriffen und werden dir anhand von kleinen Geschichten fiktiver Personen nähergebracht.

Die erlernte Selbstliebe lässt sich dann wiederum im Alltag einsetzen. Und zwar ganz einfach, weil du dich durch das Aufbauen von Selbstliebe veränderst. Und veränderst du dich, so veränderst du deinen Alltag automatisch mit. Wenn du auf Situationen und Menschen anders reagierst, reagieren diese wiederum verändert auf dich. Das Gegenüber ist ja eigentlich immer nur ein Spiegel des eigenen Verhaltens. Wenn du ganz bei dir bist, kannst du eher die Rolle eines Beobachters einnehmen. Du gewinnst Abstand von Personen und Situationen und kannst bewusst anstatt automatisch darauf reagieren.

Nach den 30 Tagen wirst du viel mehr Bewusstsein für dich selbst entwickelt haben und dein Verhalten dir selbst gegenüber wird sich positiv verändern. Du wirst bewusster, achtsamer und fürsorglicher mit dir selbst umgehen. Und du wirst diese bewusste Haltung dir selbst gegenüber auch ausstrahlen und im Kontakt mit anderen bewahren lernen.

Du lernst in diesem Buch, deinen Körper mehr zu lieben, deine Werte, Grenzen und Bedürfnisse zu kennen und dich mit einer inneren Kraft zu verbinden. Deine Selbstliebe wird dich zu einem emotional unabhängigeren Wesen von anderen Menschen machen. Du kennst deine Bedürfnisse besser, doch bist weniger bedürftig anderen gegenüber. Denn du lernst nach und nach, dir diese Bedürfnisse weitgehend selbst zu erfüllen oder sogar zu erkennen, wie du diese auflösen kannst. Wer gut mit sich selbst in Kontakt steht und Glück aus sich selbst heraus generieren kann, braucht immer weniger Dinge im Außen, die ihn scheinbar glücklich machen. Somit kannst du dich von Erwartungen, die dir nicht guttun, lösen und das Leben führen, was sich für dich stimmig und entspannt anfühlt. Du wirst anfangen, Gespräche mit anderen liebevoller zu führen und auch voller Selbstfürsorge anderen ohne schlechtes Gewissen Nein sagen lernen. Andererseits wirst du beginnen, deine Komfortzone ein Stück zu verlassen und Ängste zu überwinden. Du wirst das Leben wieder ein Stück mehr hineinlassen und es mit mehr Leichtigkeit empfangen. Du wirst also lernen, voller Zuversicht und in vollem Vertrauen „Ja!“ zu sagen. Eine spannende Zeit liegt vor dir.

1.3. Ziel und Aufbau meines „Mehr Selbstliebe in 30 Tagen"-Praxisbuches

Dieses 30-Tage-Praxisbuch ist in zwei wesentliche Teile aufgebaut:

1. Teil – Selbstliebe im Alltag aufbauen: Schenke dir Selbstfürsorge und lerne dich besser kennen und wertschätzen.
2. Teil – Selbstliebe im Alltag einsetzen: Reflektiere, grenze dich ab, nimm an und lasse los.

In Teil 1 kümmerst du dich in den ersten 15 Tagen ausgiebig um den Aufbau deiner Selbstliebe, und zwar:

- Körperlich: Mein Körper, der Tempel, in dem ich reise.
- Seelisch: Die Seele streicheln und selbstbewusst werden.
- Geistig: Den Geist positiv stimmen, zur Ruhe kommen und Kraft tanken.

Wenn du deine Haltung zu dir selbst verbessert hast, wirst du in Teil 2, an Tag 16-30, erkennen und üben, wie du diese veränderte Haltung mit in deinen Alltag nehmen kannst. Themenschwerpunkte werden sein:

- Selbstliebe und positive Gespräche führen,
- Selbstliebe und Partnerschaft,
- Selbstliebe und Freunde, Eltern, Chef, Expartner und Kinder.

Der Kurs ist in 30 Tagen konzipiert, die jedoch auf sechs Wochen verteilt sind. Somit arbeitest du an fünf Tagen der Woche und an zwei Tagen ruhst du dich aus und lässt es sacken. Natürlich kannst du in den zwei freien Tagen auch die bisherigen Übungen wiederholen. Du solltest dich jedoch nicht überfordern. Es ist besser, zwei Tage Pause zu machen und die sechs Wochen dann auch durchzuhalten, als zwei oder drei Wochen durchzuziehen und dann abzubrechen, weil es dir eventuell zu anstrengend wird.

Achte gut auf dich und setze dich nicht unter Druck. Auch das ist ein Ausdruck von Selbstliebe: nicht zu viel von sich zu verlangen.

Es mag sogar sein, dass es sich für dich besser anfühlt, wenn du eine Woche mit dem Buch arbeitest und dann eine komplette Woche Pause machst. Oder du arbeitest die erste Woche ab und wiederholst diese dann noch mal komplett, bevor du in die zweite Woche startest. Fühle dich auch frei, die Reihenfolge ganz zu tauschen. Wenn du z.B. den körperlichen Aspekt der Selbstliebe schon gut in deinem Alltag umsetzt, dann kannst du auch mit der zweiten Woche beginnen. Oder wenn dir die Themen der vierten Woche wichtiger erscheinen, weil sie dir bei der Bewältigung einer aktuellen Problemsituation helfen, dann beginne hier.

Empfehlen würde ich dir jedoch, den Kurs von vorne bis hinten in der von mir gewählten Reihenfolge zu bearbeiten, weil die Wochen aufeinander aufbauen und dir in dieser Reihenfolge den bestmöglichen Benefit bringen.

Eins ist jedoch das Allerwichtigste: Habe Spaß! Dies ist ein Praxisbuch der Selbstliebe. Du paukst nicht für ein Einser-Examen!

Spüre also gut in dich hinein, welches Tempo sich für dich gut anfühlt!!! Und in diesem Tempo gehe.

Kommst du emotional an deine Grenzen, weil die Übungen zum Teil sehr intensiv sein können, so tanke immer wieder mit den von mir gezeigten Übungen aus Woche 1 oder auch den Übungen aus Woche 3, Tag 12, 13 und 15, Kraft. Hier der Ablauf als Tabelle dargestellt:

„Mehr Selbstliebe in 30 Tagen" – Überblick

Teil 1, Tag 1-15	**Selbstliebe im Alltag lernen**: Schenke dir Selbstfürsorge und lerne dich besser kennen und wertschätzen
Woche 1, Tag 1-5	Mein Körper – der Tempel, in dem ich Reise
Reflexion/ Output	Mein „Ich liebe meinen Körper"-Wochenplan
Woche 2, Tag 6-10	Die Seele streicheln und selbstbewusst werden
Reflexion/ Output	Mein „Ich liebe mein Leben"-Selbstbild
Woche 3, Tag 11-15	Den Geist positiv stimmen, zur Ruhe bringen und Kraft tanken
Reflexion/ Output	Mein „Selbstliebe-Altar"
Teil 2, Tag 16-30	**Selbstliebe im Alltag einsetzen**: Reflektiere, grenze dich ab, nimm an und lasse los
Woche 4, Tag 16-20	Selbstliebe und positive Gespräche führen
Reflexion/ Output	Mein Reflexions-Baukasten: „Selbstliebe und positive Gesprächsführung"
Woche 5, Tag 21-25	Selbstliebe und Partnerschaft
Reflexion/ Output	Mein Reflexions-Baukasten: „Selbstliebe und Partnerschaft"
Woche 6, Tag 26-30	Selbstliebe und Freunde, Eltern, Chef, Ex-Partner, Kinder
Reflexion/ Output	Mein Reflexions-Baukasten: „Selbstliebe und andere Menschen"

Quelle: eigene Darstellung, © 2022 Yvonne Borowiak - FABELHAFT leben!

Anzumerken ist noch, dass die Übungen im Durchschnitt 20 Minuten pro Tag dauern. Die Reflexionen am Ende jeder Woche kommen zusätzlich dazu und dauern ähnlich lang. Du kannst diese entweder am letzten Arbeitstag der Woche oder an den beiden freien Tagen zwischen den Wochen bearbeiten. Mit den jeweiligen Outputs hast du am Ende der 30 Tage eine schöne Basis, an der du dich weiterhin orientieren kannst, um voller Selbstliebe deinem Alltag selbstbewusst zu begegnen und dir somit ein glückliches Leben zu gestalten.

Mehr Selbstliebe in 30 Tagen

Los geht's!

Der weise Yogameister Swami Sivananda sagte einst: „1 Gramm Praxis ist besser als Tonnen von Theorie“ (Yoga Vidya, 2019, S. 256). In diesem Sinne: Wer dieses liebevolle Buch nur liest, ohne damit zu arbeiten, wird die Wirkung nicht spüren können. Es bleibt auf der Ebene des Denkens und verändert nicht wirklich etwas in dir und in deinem Alltag. Wir müssen das Wissen auch praktizieren. Erst dann wird es eine Erfahrung mit allen Sinnen und wird uns im Ganzen verändern können.

2.1. Selbstliebe im Alltag lernen: Schenke dir Selbstfürsorge und lerne dich besser kennen und wertschätzen

Wie bereits in der Einleitung beschrieben, geht es die ersten drei Wochen des Kurses, um die Beziehung mit dir selbst. Du lernst anhand von alltagsnahen Beispielen und passenden Übungen, dich besser kennenzulernen, anzunehmen und gut zu tun. Die einzelnen Tage sind immer gleich aufgebaut, damit du dich im Buch gut orientieren kannst. Die Symbole vor den verschiedenen Abschnitten sind ebenso durchgehend identisch. Solltest du also nur mal den Blitz-Transfer oder die Tagebuchseiten suchen, so kannst du das Buch durchblättern und diese Abschnitte schnell entdecken.

Aufbau der einzelnen Tage im Überblick:

Wiederholung der Übungen der vorausgegangenen Tage (Gewöhnungseffekt)

1. Kurze Einführung in das Thema des Tages
2. Beispiel „Mustername“ (Beispiele aus dem Alltag anhand von kleinen Geschichten fiktiver Personen)
3. Übung(en) zum Thema des Tages
4. Blitz-Transfer in den Alltag
5. Selbstliebe-Tagebuch zur Reflexion des Tages und Einstimmung auf den nächsten Tag

Wenn es dem Spannungsaufbau des Abschnitts zuträglich ist, lasse ich Punkt 2 und 3 an einigen Tagen des Kurses miteinander verschmelzen. Die Übungen werden in die Geschichte integriert. Lass dich dadurch nicht verwirren, sondern genieße den Flow.

Jetzt geht es los mit der ersten Woche! Bist du bereit? Dann viel Freude!

WOCHE 1:

Mein Körper – der Tempel, in dem ich reise

Aus spiritueller Sicht ist unser Körper der Tempel, in dem wir reisen, um hier auf Erden unsere Erfahrungen zu machen. Deshalb sollten wir uns gut um ihn kümmern, ohne ihm jedoch einen zu hohen Stellenwert in Bezug auf seine Schönheit beizumessen. Denn schließlich ist er vergänglich und wird sich trotz guter Pflege verändern. Diesen Prozess müssen wir akzeptieren, denn so ist der Lauf des Lebens. Gleichzeitig sollten wir bedenken: Was dem Körper guttut und ihn gesund hält, tut auch der Seele und dem Geist gut und umgekehrt. Alles hängt zusammen und beeinflusst sich gegenseitig: Körper, Geist und Seele.

In der ersten Woche unseres Selbstliebe-Kurses steht nun dein Körper im Mittelpunkt.

Entdecke deinen Körper neu: Nimm ihn anders wahr. Gönne ihm achtsame Pflege. Stärke ihn mit herzöffnenden Körperübungen. Atme bewusst und versorge ihn mit lebendiger Nahrung. Viel Freude!

Tag 1 | Danke, lieber Körper! Körperwahrnehmung und Dankbarkeitsübung (Anne)

1. Einführung in das Thema des Tages

Unser Körper hat es oft nicht leicht mit uns. Manchmal mäkeln wir an ihm herum, anstatt zu erkennen, welche Wunder er mit all seinen perfekt aufeinander abgestimmten Prozessen tagtäglich vollbringt. Kennst du das auch? Dass du manchmal zu kritisch mit deinem Körper bist? Stehst du dann auch vor dem Spiegel und denkst dir: Die Oberschenkel sind zu wabbelig, die Brüste zu klein oder zu groß, der Po zu flach oder zu wuchtig, die Haare zu glatt oder zu lockig ... Irgendwie scheint es, als könne diese wundervolle Hülle uns kaum etwas recht machen. Das, was uns gefällt, nehmen wir hingegen allzu oft als selbstverständlich hin. Anstatt es liebevoll zu bewundern. So auch unsere Gesundheit. Jedenfalls so lange, bis Krankheit kommt. Und dann? Dann konzentrieren wir uns auf die Krankheit und vergessen wieder, was alles an unserem Körper gesund ist und wie sehr sich unser Körper bemüht, uns gesund zu machen und uns gesund zu erhalten. Und darin ist er ein wahrer Meister! Eigentlich müssten wir uns doch täglich bei ihm bedanken, oder?

Am ersten Tag unseres Selbstliebe-Kurses möchte ich dich daran erinnern, dass dein Körper fabelhaft ist! Ich möchte, dass du all die Dinge an dir und deinem Körper erkennst, die wunderschön sind. Vielleicht verliebst du dich heute neu in deinen Körper? Das wäre schön!

2. Beispiel „Anne“

Lass mich dir am Beispiel von Anne noch mal verdeutlichen, wie wir mit unserem Körper oft hart ins Gericht gehen und wie sehr das unsere Stimmung beeinflusst:

Anne

Traurig blickt Anne sich im Spiegel an. Nun ist sie also 35. Sie sieht ihre blasse Haut, die Augenringe, die sich deutlich abbilden und die ersten Falten, die sich abzeichnen, ohne dass sie lächelt. Die Haare waren auch schon mal glänzender. Das Gesicht und die Haare fand sie sonst immer am schönsten an sich. Doch jetzt lässt auch das nach. Sie seufzt und tritt ein paar Schritte vom Spiegel zurück, um ihren ganzen Körper betrachten zu können. Und da! Ihr Blick fällt direkt auf ihre Oberschenkel. Wie oft sie schon Bauch-Beine-Po-Übungen begonnen und dann wieder frustriert abgebrochen hat. Auch eine Diät hat sie mehrfach begonnen und wieder abgebrochen. Irgendwie schafft sie es nicht durchzuhalten. Sie mustert die dellige Haut an den Oberschenkeln und ihren schwabbeligen Bauch. Mindestens zehn Kilo zu viel, denkt sie sich. Wenn sie erst dünner wäre, könne sie sich selbst viel mehr lieben. Aber so?

3. Übungen zum Thema des Tages

Geht es dir vielleicht auch manchmal wie Anne? Ertappst du dich auch dabei, deinen Fokus auf die Körperstellen zu richten, die du aus welchen Gründen auch immer, nicht magst?

Was gefällt dir nicht so sehr an deinem Körper? Schreibe es auf!

Dies mag ich nicht sonderlich an meinem Körper:

An diesem ersten Tag möchte ich dich unterstützen, deinen Körper mit anderen Augen zu sehen und zwar durch die Augen eines liebenden Mannes! Kennst du die TikTok-Videos, in denen Frauen neue berühmte Sport-Leggings tragen und die Reaktion ihrer Männer dabei filmen, wenn er sie zum ersten Mal in diesen Leggings sieht? Diese Leggings bilden den Po der Frauen sehr deutlich ab. Sehr, sehr deutlich. Und egal, welche Figur die Frauen haben, von dünn bis mollig, ob Apfel- oder Birnenpo. Ob kräftige oder dürre Oberschenkel ... ihre Männer finden ihre Frauen in den Leggings alle extrem heiß! Sie bleiben mit staunenden und bewundernden Gesichtern vor ihren Frauen stehen (oder eher dahinter) oder fangen an, den Po zu tätscheln. Warum? Weil ihre Frauen extrem heiß sind! Und das zeichnet sich in den Leggings besonders gut ab! Das heißt nun nicht, dass du dir Leggings kaufen musst. Ich wollte dir damit nur verdeutlichen, dass du sicher sein kannst: Du bist sehr schön und begehrenswert – genauso, wie du bist! Denn jede Frau ist einfach sehr schön. Genauso, wie sie ist. Sie muss keinen langweiligen Standardmaßen entsprechen. Betrachte dich mit den Augen eines verliebten Mannes und sei dankbar dafür, dass dein Körper so wundervoll ist! Das heißt nicht, dass du aufhören sollst, dich zu pflegen, zu bewegen oder gesund zu ernähren. Im Gegenteil! Das braucht und liebt dein Körper. Aber nimm ihn trotzdem so an, wie er jetzt gerade ist und wertschätze ihn.

Dankbarkeitsübung:

Vor wenigen Minuten hast du aufgeschrieben, was du an deinem Körper nicht so sehr magst. Schau dir die Liste noch einmal an, falls notwendig, ergänze sie. Du kannst dich gerne um eine Veränderung bemühen, wenn du das möchtest. Und wenn du die Übungen, die du in der ersten Woche lernst, in deinen Alltag integrierst, wird sich dein Körper automatisch zum Positiven verändern: Er wird gesünder, gepflegter, energiereicher und ja, auch straffer werden – nach und nach. Also ja, pflege dich, bewege dich, ernähre dich gut. Aber! Vergiss nicht, was bereits wundervoll an deiner Hülle ist und dass wir gerade dadurch schön sind, dass wir unterschiedlich und nicht perfekt aussehen! Und wie wundervoll sich eine Berührung anfühlt. Abgesehen natürlich von der inneren Schönheit, die aus uns strahlt, wenn wir uns um unseren Körper kümmern und dann noch um die Seele und den Geist! Aber in dieser Woche gehört deinem Körper die ganze Aufmerksamkeit. Und wir wollen lernen, liebevoll mit ihm umzugehen.

Schreibe nun eine weitere Liste:

Schreibe dir nun alles auf, was dir an deinem Körper gut gefällt.

Auch das, was dein Körper täglich gut hinbekommt. Scanne dich von oben bis unten, von außen und innen gedanklich ab und schreibe alles auf! Und beziehe auch die Körperteile ein, die du eben nicht so magst und wertschätze liebevoll das, was sie für dich leisten. Sie haben deine liebevolle Zuwendung besonders nötig.

Dies finde ich an meinem Körper wundervoll! Das leistet mein Körper jeden Tag!

Und dann stelle dich vor den Spiegel und bedanke dich bei deinem Körper, indem du dir laut diese Liste vorliest. Und zwar bildest du für jeden Punkt einen ganzen Satz! „Lieber Körper, ich danke dir, dass …“ Schau dir das Beispiel von Anne dazu weiter an:

Anne

Auch Anne schreibt am Abend eine solche Liste. Erst kam sie sich ziemlich albern dabei vor und ihr wollte zunächst auch nichts so richtig einfallen. Doch als sie die ersten Punkte aufgeschrieben hatte, fiel ihr immer mehr ein. Körperteil für Körperteil ging sie gedanklich ihren Körper durch, erst die äußere Hülle und dann auch die Organe, die ihr einfielen ... Die Lunge, das Herz, der Magen ...

Schließlich trat sie vor den Spiegel und las sich die Punkte laut vor:

„Danke, lieber Körper, dass ich gesunde Haare habe.

Danke lieber Körper, dass ich wunderschöne Augen habe.

Danke lieber Körper, für meine weichen Lippen. (...)

Danke lieber Körper, dass das Atmen ohne Beschwerden klappt.

Danke liebes Herz, dass du regelmäßig schlägst und meinen Körper mit Sauerstoff versorgst.

Danke liebe Gebärmutter und liebes Bindegewebe, dass ihr es ermöglicht habt, zwei gesunde Kinder zu gebären.

Danke liebe Füße, dass ihr mich so gut durch das Leben tragt (...)"

Anne las die ganze Liste vor, die doch sehr viel länger war, als sie es sich vorher vorgestellt hatte. Fokussierte sie sich doch sonst immer darauf, was ihr an ihrem Körper nicht gefiel. Es tat richtig gut, sich die positiven Seiten im wahrsten Sinne des Wortes vor Augen zu führen. Als sie mit der Dankbarkeitsübung fertig war, standen ihr die Tränen in den Augen. Sie dachte still bei sich: „Du bist ein Wunder und wunderschön! Und es liegt an mir, dich zu pflegen und gesund zu halten."

Anne fühlte sich nach dieser Übung erleichtert. Sie lächelte sich im Spiegel an und nahm dieses Gefühl mit durch den Alltag.

Wenn du es noch nicht getan hast, so stelle du dich nun vor den Spiegel und lies deinem Körper deine danksagenden Sätze vor. Lies sie ernsthaft und wertschätzend vor. Rattere sie nicht einfach runter. Sage die Sätze mit liebevoller Ernsthaftigkeit.

4. Blitz-Transfer in den Alltag

Kurze Dankbarkeitsaffirmation: Nimm dir jeden Tag einen kurzen Augenblick Zeit, in der du die Augen schließt und dich bei deinem Körper bedankst. Morgens beim Anziehen oder abends beim Ausziehen oder vielleicht nach dem Sport. Sage folgenden Satz drei Mal ganz bewusst im Geiste oder auch laut: „Ich danke dir, mein Körper. Du bist wundervoll!" Und achte auch darauf, was dein Körper dir sagen möchte, wenn er krank ist. Was fühlt sich nicht stimmig an? Was müsstest du verändern, damit es deinem Körper besser geht?

Wenn du Kinder hast, kannst du diese Sätze auch gemeinsam mit ihnen sprechen und sie zum Beispiel in euer Abend-Zubettgeh-Ritual einbeziehen. Beim Sprechen dieser kurzen Dankbarkeitssätze könnte sich jeder selbst kräftig umarmen (siehe Tag 3 – Yoga-Übung 9) Kinder mögen so etwas sehr gerne. Überhaupt eignen sich alle Übungen, die den Körper betreffen, dazu, sie gemeinsam mit Kindern oder Partner etc. zu machen. Du kannst dich natürlich auch ganz bewusst dazu entscheiden, dir diesen Selbstliebe-Kurs als ‚Zeit-für-mich-selbst' zu gönnen. Andere Menschen lassen sich auch später noch miteinbeziehen, wenn du es möchtest.

5. Selbstliebe-Tagebuch

Tag 1, Datum:

So fühle ich mich am Abend des heutigen Tages:

- ○ fabelhaft!
- ○ gut
- ○ müde, aber glücklich
- ○ bewölkt
- ○ fix und fertig

Die heutigen Übungen haben mich wie folgt positiv beeinflusst (1= gar nicht; 10 = absolut):

1	2	3	4	5	6	7	8	9	10

Das habe ich heute (über mich) gelernt:

Das möchte ich ab sofort in meinem Alltag verändern / in den Alltag integrieren:

Ich liebe mich heute besonders dafür/Das habe ich heute besonders gut hinbekommen:

Damit habe ich mir heute aktiv gutgetan:

Diese Freude möchte ich mir morgen machen:

Sonstige Notizen/To-dos:

Tag 2 | Körperpflege mal anders- Achtsamkeitsübung (Susanne)

0. Wiederholung für einen Gewöhnungseffekt:

MachedenBlitz-TransfervonTag1(kurzeDankbarkeitsaffirmation)

1. Kurze Einführung in das Thema des Tages

Eine andere Art deinem Körper Dankeschön zu sagen und dir selbst Liebe zu zeigen, ist es, ihn ganz bewusst und achtsam zu pflegen. Der Vorteil ist, dass du kaum mehr Zeit investieren musst. Es geht eher darum, die Dinge, die du eh tust, liebevoll auszuführen. Bewusst und achtsam, das heißt, dass du mit deiner vollen Aufmerksamkeit ganz bei der Tätigkeit sein solltest. Schreibe während der Übung nicht deine To-do-Liste für den nächsten Tag im Kopf! Doch wie kannst du es genau anstellen, dich liebevoll, achtsam und bewusst zu pflegen- ohne störende Gedanken?

2. Beispiel „Susanne“:

Lass uns das gemeinsam am Beispiel von Susanne erfahren:

Susanne

„Stopp! Stooopp!“, ruft Susanne dem Busfahrer hinterher, der ihr die Türen vor der Nase zugemacht und losgefahren war. Susanne ist genervt, denn sie hatte heute wieder Überstunden gemacht und nun auch noch den Bus verpasst. So steht sie nun 20 Minuten in eisiger Kälte und muss auf den nächsten Bus warten. Sie hat Hunger und ihre Füße tun ihr weh. Im Büro gibt es einen Dresscode und das bedeutet, sie muss ein Kostümchen anziehen und damenhafte Schuhe mit etwas Absatz tragen. Zudem ist ihre Aktentasche schwer, denn sie hat sich ein paar Akten noch mit nach Hause genommen. Als der nächste Bus endlich kommt, lässt sie sich durchgefroren auf einen Sitzplatz fallen. Sie lässt den Blick schweifen. Ihr Körper schmerzt. Die Frau neben ihr liest eine Zeitschrift. Um sich etwas abzulenken, liest Susanne mit: „Verwöhne dich selbst!“ Sie muss lachen. Hört sich irgendwie etwas seltsam an. Neugierig lehnt sich Susanne noch etwas mehr zu ihrer Sitznachbarin rüber, damit sie weiterlesen kann: „So cremst du dich liebevoll ein und vergisst den Stress des Tages.“ „Oh ja!“, denkt Susanne sich. Genau das, was ich jetzt brauche! Sie hängt nun mit dem Kopf sehr weit über der Zeitschrift, sodass es der Sitznachbarin unangenehm wird. „Da bitte!“, sagt diese etwas genervt und wirft Susanne die Zeitschrift auf den Schoß. „Sie scheinen es nötiger zu haben als ich!“ Susanne ist der Vorfall sehr unangenehm. Sie stammelt der Frau, die sich etwas weiter vorne einen Sitzplatz sucht, eine Entschuldigung hinterher. Peinlich berührt schaut Susanne sich um, ob jemand die Szene beobachtet hatte und steckt die Zeitschrift schnell in ihre Tasche. Zu Hause angekommen, nimmt sie erst mal eine heiße Dusche. Trotz Dusche fühlt sie sich immer noch ausgelaugt, missmutig und irgendwie ein wenig einsam. Sie erinnert sich an die Zeitschrift, sucht sie in ihrer Aktentasche und setzt sich schließlich mit ihr noch im Bademantel auf die gemütliche Wohnzimmercouch.

3. Übung zum Thema des Tages

Achtsamkeitsübung:

Verwöhne dich selbst! So cremst du dich achtsam ein und vergisst den Stress des Tages:

Nimm dir deine Lieblingscreme oder ein natürliches Öl, wie Kokosöl oder Olivenöl. Lass die Creme oder das Öl in ihren Händen warm werden, indem du es langsam in den Handflächen verteilst. Schließe dabei die Augen und spüre, wie sich das Öl zwischen deinen Händen anfühlt. Wie riecht es? Halte die Augen geschlossen und beginne zunächst die Hände etwas fester zu reiben und die Finger ineinandergleiten zu lassen, so als wolltest du beten. Gebe dir selbst einige Minuten eine kleine Handmassage.

Beginne am Zeigefinger... Mittelfinger... Ringfinger... kleiner Finger... Daumen... Handballen... Handinnenfläche... Nimm dir ruhig noch etwas Öl nach, wenn du merkst, deine Haut hat es bereits gut aufgenommen. Dann beginne den linken Arm von der Hand aus bis hoch zu Schulter einzucremen oder zu ölen, in kreisenden Bewegungen und mit leichtem Druck bis zur Schulter. An der Schulter angekommen noch mal genauso langsam den Arm bis zur Hand zurück massieren. Nun nimm etwas Creme/ Öl nach und wiederholen den Prozess mit dem linken Arm. Lasse die Augen geschlossen, während die linke Hand den rechten Arm einölt. Atmen zwischendurch tief in den Bauch ein und tief wieder aus. Genieße. Nimm mit allen Sinnen wahr: Wie fühlt sich das Öl auf deiner Haut an? Wie der sanfte Druck, den du ausübst? Wie riecht das Öl bzw. die Creme? Was für Geräusche hörst du oder gibst du vielleicht selbst von dir. Vielleicht beim Ausatmen ein befreiendes Seufzen? Fahre fort, nun die Beine einzucremen. Von den Fußgelenken hoch bis zur Leiste. Ruhig, sanft, mit geschlossenen Augen. Beobachte, wie es dein Körper genießt und dabei entspannt. Fahre fort mit dem Po... dem Bauch... dem Oberkörper... den Schultern... und dem Rücken, soweit die Hände reichen. Zum Schluss wickele dich in einen Bademantel oder großes Handtuch, setze dich bequem hin. Creme nun noch die Füße ein. Auch wieder entschleunigt, mit sanftem Druck und geschlossenen Augen. Zeh für Zeh: großer Zeh... zweiter Zeh... dritter Zeh... vierter Zeh... kleiner Zeh... Fußballen... Fußrücken... Ferse...Knöchel... Ziehe danach warme Strümpfe an, wickele dich in eine warme Decke und lege dich entspannt hin. Verweile so noch eine Weile und spüre nach. Wie fühlt sich dein Körper nun an? Deine Hände? Deine Arme? Deine Beine? Dein Po? Deine Füße? Dein Rücken? Dein Bauch? Atme dreimal tief in den Bauch ein und wieder aus. Recke und strecke dich, tue das, was dir nun guttut und was dein Körper an Bewegung möchte, bevor du aufstehst.

Susanne nimmt die Zeitschrift mit ins Badezimmer, welches noch schön warm war von der heißen Dusche zuvor. Sie stellt sich entspannende Musik über ihr Smartphone an und zündet eine

Kerze. Dann beginnt sie mit dem Eincremen wie beschrieben. Immer wieder lenkt sie die Konzentration auf die jeweilige Körperstelle, die sie eincremt und lauscht der Musik. Nachdem sie sich zuletzt die Füße eingecremt und die Kuschelsocken angezogen hat, legt sie sich ins Bett und hörte noch für ein paar Minuten der Entspannungsmusik zu. Sie fühlt sich wie auf Wolke sieben.

Diese Achtsamkeitsübung entspannt Körper und Geist. Sie ist ein Akt der Selbstfürsorge und fördert deine Körperwahrnehmung, da du mit allen Sinnen agierst und so gut wie den ganzen Körper einbeziehst.

Jetzt bist du also dran! Mach es wie beschrieben. Mal schauen, ob du dich auch wie auf Wolke sieben danach fühlst ...

4. Blitz-Transfer in den Alltag

Kurze Achtsamkeitsübungen:

Nimm dir einmal am Tag einen kurzen Augenblick Zeit, wo du dir körperliche Selbstfürsorge schenkst. Es muss nicht die Ganzkörpermassage sein. Wenn die Zeit knapp ist, kannst du dich auch auf ein Körperteil konzentrieren, z.B. die Füße oder die Hände. Du kannst auch das Händewaschen zur Achtsamkeitsübung werden lassen oder das Haarekämmen – selbst das Zähneputzen! Wichtig ist immer: Die Konzentration auf das zu lenken, was du gerade tust. Nimm mit allen Sinnen wahr und führe es ganz bewusst aus.

5. Selbstliebe-Tagebuch

Tag 2, Datum:

So fühle ich mich am Abend des heutigen Tages:

- ○ fabelhaft!
- ○ gut
- ○ müde, aber glücklich
- ○ bewölkt
- ○ fix und fertig

Die heutigen Übungen haben mich wie folgt positiv beeinflusst (1= gar nicht; 10 = absolut):

1	2	3	4	5	6	7	8	9	10

Das habe ich heute (über mich) gelernt:

Das möchte ich ab sofort in meinem Alltag verändern / in den Alltag integrieren:

Ich liebe mich heute besonders dafür/Das habe ich heute besonders gut hinbekommen:

Damit habe ich mir heute aktiv gutgetan:

Diese Freude möchte ich mir morgen machen:

Sonstige Notizen/To-dos:

Tag 3 | Rosas Yoga-Workout: 10 sanfte Körperübungen, Herz öffnend und stärkend (Vivien und Rosa)

0. Wiederholungen

- Mache den Blitz-Transfer von Tag 1 (kurze Dankbarkeitsaffirmation)
- Mache den Blitz-Transfer von Tag 2 (kurze Achtsamkeitsübung, z.B. milde Handmassage, achtsames Haarekämmen etc.)

1. Kurze Einführung in das Thema des Tages

Yoga ist ein indisches jahrtausendealtes Übungssystem und bedeutet Einheit, Verbindung, Harmonie. Körper, Geist und Seele sollen durch gezielte Übungen in Einklang gebracht werden. Die bekannteste Definition ist die von Patanjali. Dort heißt es in der Yoga Sutra 1.2 übersetzt: „Yoga ist das Zur-Ruhe-Bringen der Gedanken im Geist“ (Bretz, 2010, S.19).

Sind die Gedanken erst mal zur Ruhe gebracht, kann der Mensch ‚Brahman'– das Absolute –dahinter erkennen. Und somit Einheit spüren. Heute soll es jedoch darum gehen, dich ein wenig in den körperlichen Teil des Yogas einzuführen und es erwartet dich ein kleiner Hatha-Yoga-Kurs, den du gut in deinen Alltag einbauen kannst. Die ausgewählten Körperübungen mildern und beugen Verspannungen vor. Zudem macht es dich nach und nach gelenkiger, strafft den Körper und baut deine Muskeln sanft auf.

2. Beispiel „Vivien“

Vivien:

Vivien hat vier Kinder und ist seit Jahren körperlich stark gefordert. Kinder tragen, Bücken beim Kinderanziehen, Einkäufe tragen, Pferd spielen ... Als Mutter ist der Körper ständig in Bewegung und belastet. Sie klagt über Rücken- und Nackenschmerzen, als ihre Freundin Rosa auf einen Tee vorbeikommt. Sie kennt das Problem. „Ich sage es ganz ehrlich: Ohne Yoga wäre ich schon ein körperliches Wrack!“, sagt sie zu Vivien. „Yoga?“, Vivien rümpft die Nase. „Ist das nicht Om und so?“ Rosa lacht: „Nun ja, Meditieren ist ein Teil des Yogas. Dann noch Atemübungen, Körperübungen, gesunde Ernährung und Tiefenentspannung, wenn du alle Aspekte des Hatha Yogas leben möchtest.“ „Hört sich kompliziert an!“, entgegnete Vivien. „Deshalb fangen die meisten auch erst mal mit den Körperübungen an. Ich persönlich finde, man sollte alles mal ausprobieren und auf sich wirken lassen. Von jedem ein bisschen lässt sich schon täglich umsetzen. Nach und nach.“

Vivien guckt immer noch skeptisch. „Ich weiß nicht. Irgendwo muss man ja anfangen. Aber wo?“

„Nun ja, gegen einen verspannten Rücken und Nacken helfen natürlich Körperübungen, um den Körper zu stärken und sich zu dehnen, am Ende der Körperübungen gehört immer auch eine Entspannungsphase dazu. Das tut richtig gut. Nach einer ganzen Yogastunde fühle ich mich wie nach einem Kurzurlaub.“ Vivien lacht: „Oh ha! Das hört sich vielversprechend an. Aber um regelmäßig einen Kurs zu machen, habe ich keine Zeit.“ Rosa entgegnet: „Ich mache einen live Online-Yogakurs. Das ist genial, weil dein eigenes Wohnzimmer zum Yogastudio wird. Du musst nirgendwo hinfahren und deine Kinder dürfen dabei sein. Entweder sie turnen um dich herum oder machen mit. Die Lehrerin ist da ganz entspannt und man kann seinen Ton ausmachen. Meine Kids haben Spaß, auch wenn sie nicht den ganzen Kurs mitmachen. Und mir tut es gut, auch wenn ich nicht den ganzen

Kurs konzentriert und ungestört mitmachen kann. Besser als gar nichts. Manche Übungen mache ich dann abends noch mal, wenn die Kids endlich im Bett sind oder auch morgens vor oder direkt nach dem Aufstehen." „Ja?", sagt Vivien. „Vor dem Aufstehen? Also im Bett? Was machst du denn da? Mach doch mal was vor. Vielleicht kann ich mir was abgucken." Rosa springt auf. „Na, klar. Gerne! Hast du eine Gymnastikmatte?"

3. Übungen zum Thema des Tages

Rosas kleines Yoga-Workout

Übung 1-2, Rosas „Krokodile Dundy":

Also ein paar Übungen mache ich direkt im Bett. Man nennt sie Krokodilsübungen. Ich zeige dir zwei davon. Das Kopfkissen musst du dazu zur Seite legen und wenn deine Matratze sehr weich ist, solltest du doch lieber auf den Boden bzw. auf eine Yoga- oder Gymnastikmatte gehen.

♥ **Krokodilübung 1:**

Lege dich gerade auf den Rücken. Die Beine sind gestreckt. Ziehe nun dein rechtes Knie zur Brust. Hilf mit deinen Händen nach, indem du dein Schienbein umfasst und dieses noch näher Richtung Brustbein drückst. Wenn du Knieprobleme hast, kannst du auch deinen Unterschenkel greifen, anstelle des Schienbeins. Verweile hier für drei bis fünf Atemzüge und lasse dann das rechte Bein wieder auf die Matratze bzw. Matte gleiten. Spüre nach: Was hat sich verändert? Dann führe die Übung mit dem linken Bein aus.

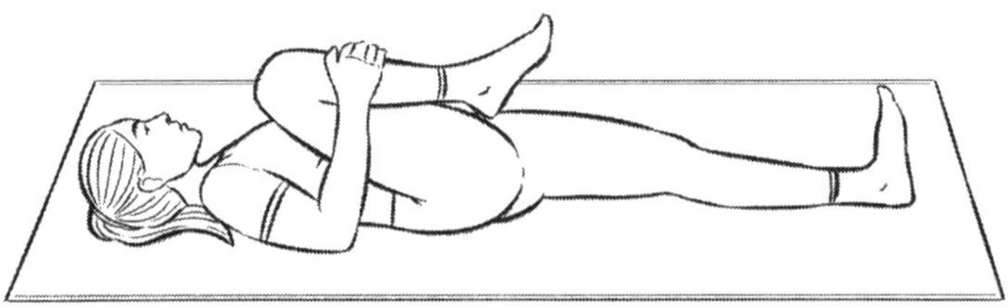

♥ **Krokodilübung 2:**

Du liegst wieder gerade auf dem Rücken mit gestreckten Beinen. Stelle nun das rechte Bein auf. Der rechte Fuß ist in Höhe des linken Oberschenkels aufgesetzt. Lasse das rechte Knie über das linke Knie Richtung Boden sinken. Nimm den Fuß mit hinüber auf die andere Seite des linken Beines. Drehe den Kopf sanft nach rechts. Die Arme sind links und rechts gerade ausgestreckt. Die beide Schultern bleiben auf der Matratze bzw. der Matte liegen. Spüre die Drehung in der Wirbelsäule. Schließe die Augen und atme drei bis fünf Mal in den Bauch ein und aus. Dann komme wieder sanft aus der Übung heraus und komme wieder in die Rückenlage. Spüre nach: Wie fühlt sich dein Körper an? Nun praktiziere das Gleiche mit der anderen Seite.

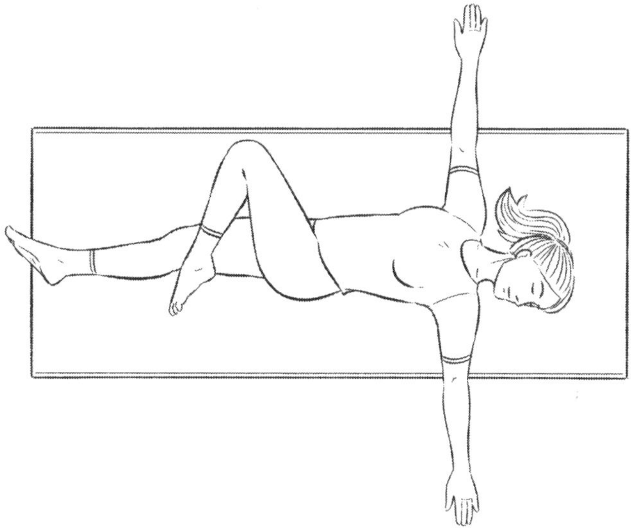

Übung 3-5, Rosas Bauernhof: Katze, Kuh und Hund!

Wenn ich danach noch Zeit habe, begebe ich mich direkt vom Bett auf dem Boden. Da habe ich immer schon meine Yogamatte liegen. Sehr praktisch.

♥ Übung 3: Katze

Hier mache ich zuerst Katze und Kuh, weil sie den Körper sanft mobilisieren. Du hast diese Übungen bestimmt auch schon mal gesehen. Ich begebe mich auf die Knie und Hände in den Vier-Füßler-Stand. Die Knie sind also auf der Matte aufgesetzt, in einer Länge mit den Hüftgelenken. Die Handgelenke sind unter den Schultern, die Arme gestreckt. Der Kopf gerade nach vorne gerichtet. Und jetzt stellst du dir vor, du wärst eine Katze und erschreckst dich vor etwas! Vivien: „Vor meinem inneren Schweinehund zum Beispiel!" Rosa lacht: „Ja, genau! Du kippst also das Becken nach vorne, senkst das Kinn Richtung Brust und machst einen Buckel, indem du die Schulterblätter Richtung Decke schiebst. Fertig ist die Katze! „Ja, cool!", ruft Vivien. „Das habe ich auch schon mal gesehen."

♥ Übung 4: Kuh

Rosa: „Und die Kuh ist auch ganz schnell gemacht. Irgendwie das Gegenteil von der Katze. Dazu kippst du das Becken nach hinten, kommst in ein Hohlkreuz und legst den Kopf in den Nacken. Stelle dir vor, ein großer Bauer setzt sich auf den Rücken der Kuh! Spürst du sein Gewicht?" „Jaaa!", ruft Vivien. „Dann gehe ich aber direkt wieder in die Katze und werfe ihn runter." „Gute Idee", nickt Rosa. Und so machst du es im Wechsel einige Male langsam und bewusst: Katze, Kuh, Katze, Kuh, Katze, Kuh ..."

♥ Übung 5: Hund (herabschauend)

Ist der Rücken schon mal etwas durchbewegt, mache ich es wie mein Hund, wenn er aufsteht, denn er dehnt sich zuerst: Ich stelle also nun aus der Position des Vier-Füßler-Standes die „Hinterbeine" auf, also Knie weitestgehend durchstrecken, strecke auch die Arme und drücke mich dabei mit den Händen nach hinten weg. Der Nacken bleibt entspannt, der Kopf befindet sich zwischen den Armen. Den Po strecke ich Richtung Decke raus! Tada! Der herabschauende Hund.

Vivien lacht: „Jetzt brauchst du nur noch einen Schwanz, um damit zu wackeln. Wofür soll die Übung gut sein?" „Meine Yogalehrerin hat erklärt, dass der herabschauende Hund zu den sogenannten Umkehrstellungen gehört und verjüngend wirkt, weil das Blut Richtung Kopf fließt.“, erklärt Rosa. „Oh super!“, entgegnet Vivien. „Verjüngend... dann gehört er ab heute zu meinen Lieblingsübungen. Lass mich auch mal probieren!“

Übung 6-8, Rosas Flussfahrt: Zwei Boote und eine Brücke

„Was hast du noch so auf Lager?“, will Vivien von Rosa wissen. „Nun ja, jetzt kommt Bauch, Beine, Po dran! Unsere ...“ Vivien beendet den Satz: „... Problemzonen ...“ „Jepp, genau. Obwohl es eigentlich gar keine Problemzonen sind, sondern einfach Bereiche, die genutzt werden wollen, damit die Muskeln sich nicht abbauen und das Fett sich hier nicht gemütlich einrichtet. Also, bist du bereit?“ „Klar. Bin gerade erst warm geworden“, grinst Vivien.

♥ Übung 6: Boot 1

„Ok. Dann lege dich jetzt gemütlich auf dem Bauch auf den Boden ab.“ „Mich gemütlich ablegen kann ich sehr gut!“, folgt Vivien Rosas Anweisungen amüsiert. „Ja, aber mache es dir auch nicht zuuu gemütlich“, zwinkert Rosa ihr zu. „Es geht direkt nach ein paar Atemzügen in das erste Boot.“

Du befindest dich in der Bauchentspannungslage. Nun hebst du den Kopf an, streckst die Arme gerade nach vorne und oben weg und hebst gleichzeitig die gestreckten Beine vom Boden ab. Aktiviere die Pomuskeln und Rückenmuskeln. Konzentriere dich auf den Atem. Atme tief und langsam in den Bauch ein. Halte die Übung für einige Sekunden.

Dann lege Arme und Beine wieder sanft ab und relaxe in der Bauchentspannungslage: Die Hände bilden ein Kissen, auf dem du die Stirn oder abwechselnd die Schläfen ablegst. Die Fersen fallen locker auseinander, während sich die großen Zehen berühren. Verweile hier ein paar Atemzüge und dann baue das Boot noch mal auf.

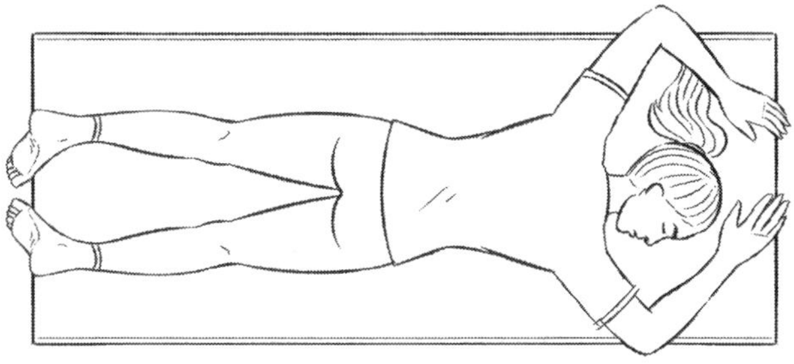

♥ Übung 7: Schulterbrücke

Wenn du die erste Bootvariation zwei bis drei Mal ausgeführt hast, drehst du dich auf den Rücken und stellst die Fersen hüftbreit und dicht am Gesäß für die Brücke auf. Die Arme liegen rechts und links gestreckt neben dem Körper mit den Handflächen nach unten gerichtet. Jetzt hebst du langsam, Wirbel für Wirbel, das Becken nach oben an. Der Nacken bleibt gerade liegen. Spanne kräftig Po und Oberschenkel an, um das Becken noch weiter nach oben zu drücken. Achte darauf, dass die Knie dabei nicht zu sehr nach außen weg flüchten. Stelle dir einatmend vor, wie ein Boot unter dir hinweg fährt. Ausatmend senkst du den Rücken wieder Wirbel für Wirbel ab. Das Gesäß berührt als letztes den Boden. Übe so fünfmal sehr achtsam. Super!

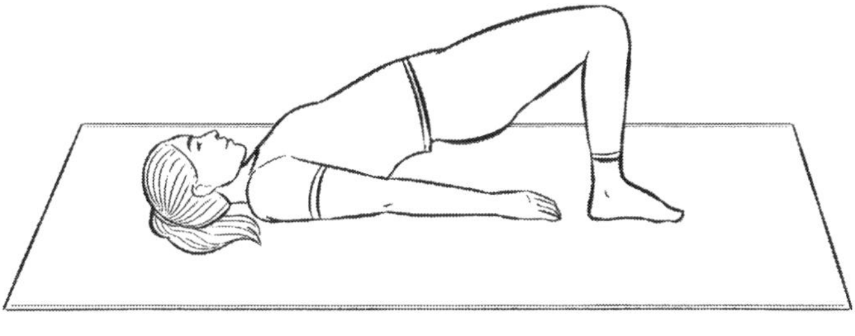

♥ Übung 8: Boot 2

„Na, kannst du noch?“, fragt Rosa. „Jaaa“, schnaubt Vivien. „Es sieht so leicht aus, aber wenn man es langsam macht und die Position länger hält, ist es doch anstrengend.“

„Die Übung gibt auf jeden Fall einen schönen Po, kann ich dir sagen. Ruhe dich nun ein wenig in der Rückenentspannungslage aus: Beine gestreckt und hüftbreit geöffnet. Die Zehen fallen locker nach außen. Die Arme liegen gestreckt und entspannt neben dem Körper mit den Handflächen nach oben gerichtet. Schließe die Augen und spüre nach. Wie fühlt sich dein Körper nun an? Was hat sich verändert? Atme einmal tief ein und aus und sage dir beim Ausatmen: Loslassen.

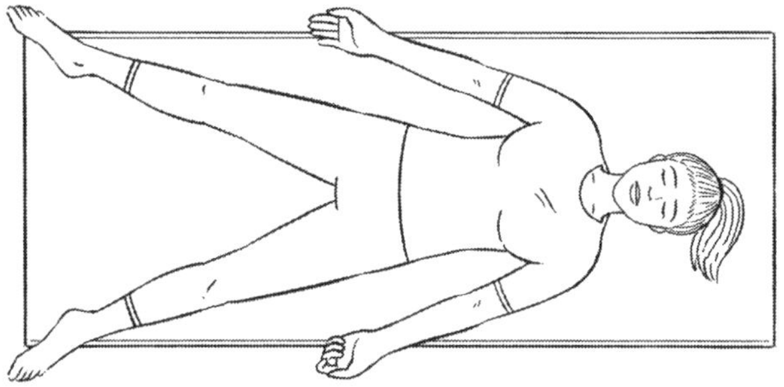

Um den Bauch und die Oberschenkel nun noch mal richtig zu fordern, bauen wir jetzt noch das klassische Boot auf. Eine gute Bauchmuskulatur schützt auch vor Rückenschmerzen.

Bleibe auf dem Rücken liegen. Stelle deine Füße hüftbreit auf. Der untere Rücken drückt in den Boden. Hebe nun deine angewinkelten Beine so an, dass die Unterschenkel parallel zum Boden sind. Nun strecke deine Arme nach vorne links und rechts neben die Beine aus und hebe dabei den Kopf und den Oberkörper an. Wenn du es intensiver magst, so strecke nun die Beine aus. Halte diese Stellung einige Minuten, atme tief in den Bauch ein und aus. Dann lege dich wieder auf den Rücken ab und entspanne. Baue die Übung noch mal auf. Entweder mit angewinkelten oder gestreckten Beinen. Und magst du es noch etwas fordernder, komme in das klassische Boot. Das heißt, du kommst soweit mit dem Oberkörper hoch, dass du auf deinem Po sitzt, die Beine sind angewinkelt oder gestreckt. Die Arme weiterhin links und rechts neben den Oberschenkeln nach vorne gestreckt. Oberkörper und Beine bilden nahezu einen rechten Winkel. Prima! Lege dich wieder behutsam auf den Rücken ab, schließe die Augen und spüre nach ...

Übung 9-10: Rosas Happy Yoga-Ending

- **Übung 9: Öffne dein Herz und umarme dich selbst! – Schulterblätterübung**

Wow! Du kannst echt stolz auf dich sein. Du hast alles mitgemacht. Nun stelle dich hin, die Füße sind etwas geöffnet. Strecke nun die Arme nach hinten weg. Die Schulterblätter ziehen kräftig zueinander, so als wollten sie ein 1-Cent-Stück festhalten. Die Schultern gehen jedoch weg von den Ohren. Dann bringe die Arme wieder nach vorne und umarme dich selbst! Dabei bringst du nun die Schulterblätter weg voneinander. Deine Hände können helfen, sie noch etwas auseinanderzuziehen. Und nun noch einmal: Bringe die Arme gestreckt nach hinten, öffne die Brust und somit dein Herz. Breite die Arme aus, als wolltest du die ganze Welt umarmen. Die Schulterblätter streben zueinander. Halte es, atme tief in den Bauch hinein, lenke die Konzentration in die Schulterblätter. Und nun bringe die Arme wieder nach vorne und umarme dich wieder kräftig selbst. Nun ist der andere Arm oben. Schmuse mit dir.

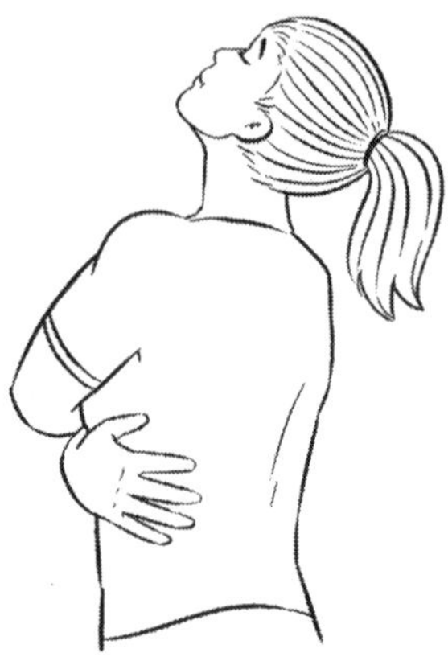

Dann lasse die Arme baumeln und schwinge sie um den Körper. Der Oberkörper folgt den um sich schwingenden Armen, ohne es zu forcieren. Erst langsam, dann schneller, dann wieder langsamer. Schau, was sich gut anfühlt. Locker die Schultern, den Oberkörper, die Arme.

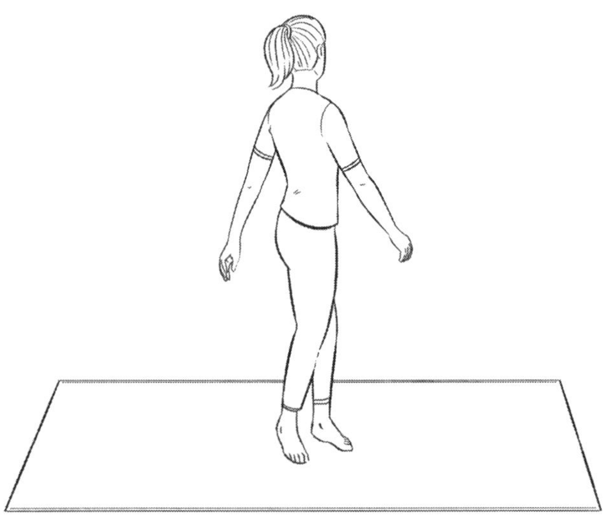

Nun schwinge aus. Bleibe mit geschlossenen Augen stehen und spüre nach.

♥ Übung 10: Lass dich hängen! Stehende Vorwärtsbeuge

Bedanke dich jetzt bei dir selbst, indem du dich vor dir selbst verbeugst und somit in die stehende Vorwärtsbeuge kommst. Die Beine sind hüftbreit geöffnet. Die Füße stehen parallel zueinander. Lasse die Arme baumeln, der Nacken ist locker. Wenn du magst und es sich gut für dich anfühlt, umfasse deine Unterschenkel und ziehe den Oberkörper noch etwas mehr Richtung Beine. Verweile hier für ein paar Atemzüge, dann setze dich auf deine Matte.

Entspanne und lasse alles los!

Du hast gut gearbeitet! Lege dich nun auf den Boden in die Rückenlage ... Schließe die Augen und komme ganz bei dir an. Sage dir im Geiste ganz bewusst ... Ich entspanne meinen Körper ... Mein Körper entspannt sich ... Mein Körper ist ganz entspannt. Dann atme tief in den Bauch ein und sage dir gedanklich „Ganz ..." und beim Ausatmen „... Loslassen". Wiederhole es drei bis fünf Mal und bleibe dann noch einen Moment in Stille liegen – atme entspannt weiter.

Als Rosa fertig war, war Vivien auf der Matte eingeschlafen. Rosa deckte sie zu und ließ sie noch etwas schlafen. „Schön", dachte sie bei sich.

Anmerkung für Yoga-Unerfahrene: Diese Übungen, die Rosa ihrer Freundin zeigt, sind einfache Anfängerübungen für gesunde Menschen und resümieren aus meinem Wissen und Erfahrungen als Yogalehrerin (BYV). Sie ersetzen keine Yogastunde in einem Yogastudio (online oder offline). Sondern sollen dich inspirieren und in Bewegung bringen. Schaue hier auch wieder, was sich gut und richtig für dich anfühlt und gehe nicht über deine (Schmerz-) Grenzen! **Wichtig**: Wenn du körperliche Einschränkungen oder Beschwerden hast, so frage deinen Hausarzt oder ähnlich qualifizierte Fachmänner bzw. -frauen, ob du diese Übungen ausführen darfst oder worauf du zu achten hast! Du kannst dich zudem z.B. in einem Yogastudio nach alternativen Übungen erkundigen oder nach Yogatherapie-Angeboten sowohl offline als auch online suchen. Oder schau dir gerne mein „Selbstliebe Yoga“-online Angebot auf www.yvonne-borowiak.com an.

Anmerkung für fortgeschrittene Yogis: Wenn du schon eine eigene Yogapraxis hast oder andere Körperübungen, dann kannst du heute natürlich deine Yogapraxis einbauen. Dieser Abschnitt ist für Anfänger gedacht, die bisher noch keine oder wenig Yogaerfahrung haben. Aber auch die Erfahrenen unter euch können aus diesem Teil vielleicht Anregungen mitnehmen. Vielleicht auch eine Alternative, wenn du an einigen Tagen nicht zu deiner bevorzugten Yogapraxis kommst. Denn die Übungen, die ich hier skizziere, lassen sich super zwischendurch in den Alltag integrieren.

4. Blitz-Transfer in den Alltag:

Mache dieses kurze Yoga-Workout wie in der Geschichte beschrieben direkt morgens beim Aufstehen, dann hast du den Tag schon super begonnen. Wenn du jedoch abends mehr Zeit und Lust hast, dann absolviere diese eben vor dem Schlafengehen. Du kannst nach der Entspannungsphase dann gleich liegen bleiben bzw. dich kurz ins Bett rollen. Schaffst du es zeitlich einfach nicht am Stück, kannst du die Übungen auch verteilt über den Tag ausführen, immer dann, wenn es passt. Überlege, wie du es am besten in deinen Alltag integrieren kannst. Beim Spielen mit den Kindern auf dem Spielteppich oder beim Fernsehen. Versuche jedoch so zu planen, dass du es regelmäßig machen kannst. Wenn du es schaffst, jeden Morgen nur die Krokodilsübungen zu machen, ist das schon ein Fortschritt! Dann vielleicht noch das komplette 15-Minuten-Yoga-Workout 1x pro Woche und du wirst die Veränderung spüren.

5. Selbstliebe-Tagebuch

Tag 3, Datum:

So fühle ich mich am Abend des heutigen Tages:

- ○ fabelhaft!
- ○ gut
- ○ müde, aber glücklich
- ○ bewölkt
- ○ fix und fertig

Die heutigen Übungen haben mich wie folgt positiv beeinflusst
(1= gar nicht; 10 = absolut):

1	2	3	4	5	6	7	8	9	10

Das habe ich heute (über mich) gelernt:

Das möchte ich ab sofort in meinem Alltag verändern / in den Alltag integrieren:

Ich liebe mich heute besonders dafür/Das habe ich heute besonders gut hinbekommen:

Damit habe ich mir heute aktiv gutgetan:

Diese Freude möchte ich mir morgen machen:

Sonstige Notizen/To-dos:

Tag 4 | Ich atme, also bin ich. Stressabbauende Atemübungen für innere Harmonie (Marie)

0. Wiederholungen

- Mache den Blitz-Transfer von Tag 1 (kurze Dankbarkeitsaffirmation).
- Mache den Blitz-Transfer von Tag 2 (kurze Achtsamkeitsübung, z.B. milde Handmassage, achtsames Haarekämmen etc.).
- Mache Rosas kleines Yoga-Workout oder Teile daraus (z.B. Rosas „Krokodile Dundy", Rosas „Bauernhof", Rosas „Flussfahrt", Rosas „Happy Yoga-Ending").

1. Kurze Einführung in das Thema des Tages

Wenn wir unter Stress stehen, weil wir uns aufregen oder Zeitdruck verspüren, zeigt sich dies auch in unserer Atmung und unserem gesamten Körper. Wir atmen nur oberflächlich oder halten sogar die Luft zeitweise ganz an. Der Körper verspannt, da er sich im Flucht- oder Kampfmodus befindet. Unsere Herzfrequenz steigt an. Andauernder oder stetig sich wiederholender Stress und Ärger können uns sowohl körperlich als auch psychisch krank machen. Es kann zu Kopfschmerzen, Verspannungen, Müdigkeit und sogar zu depressiven Verstimmungen führen. Gezielte Atemübungen können aus dem Gleichgewicht geratene Energien wieder harmonisieren. Im Hatha Yoga nennt man die Atemübungen Pranayama. Heute möchte ich dir drei einfache Atemübungen erklären, die du sofort in akuten Situationen anwenden kannst. Übst du sie regelmäßig, so wirken sie heilsam auf Körper, Geist und Seele.

Ich denke, du wirst dich in folgendes Beispiel gut hineinversetzen können. Denn so ähnlich wie Marie haben wir sicher alle schon mal gefühlt.

2. Beispiel „Marie“

Marie

„Herrje! Idiot! Hast du deinen Führerschein im Lotto gewonnen?“, schimpft Marie vor sich hin. Sie steht wie jeden Morgen auf dem Weg zur Arbeit im Stau. Stop and Go. Einfädeln lassen an der Baustelle. Ein LKW zieht einfach auf Maries Spur. Zudem ist es heiß und ihre Klimaanlage ist kaputt. Sie lässt die Fensterscheiben etwas mehr runter und macht genervt das Radio an. Sie hofft auf Musik, die sie etwas aufheitert. Doch das erste, was sie hört, sind Staunachrichten! Der Reporter verkündet: „Keine Staus in NRW. Sie haben freie Fahrt!“ „Ja nee, ist klar! Hallo? Bilde ich mir den Stau gerade nur ein? Oder was?“ Maries Laune sinkt auf den Nullpunkt. Verärgert sucht sie einen anderen Sender und bleibt interessiert an folgenden Sätzen hängen: „Stehst du im Stau? Dann nutze die Zeit, um dich abzukühlen! Nach dem nächsten Song verrate ich euch mehr ...!“ „Hä?“, denkt sich Marie. Im Auto abkühlen? Wie soll das gehen?“ Nach dem Song verkündet ein Experte: „Es gibt eine Atemübung, die sowohl einen überhitzen Kopf wie auch ein erhitztes Gemüt direkt abkühlt! Sie heißt Sitali – die Zungenatmung! Alles, was sie dazu brauchen, ist ...“ Der Reporter vervollständigt den Satz des Experten lachend „... eine Zunge?“ „Genau!“, lacht der Experte mit. Deshalb lässt die Übung sich auch überall ausführen. Man darf nur keine Angst vor den fragenden Blicken anderer Leute haben, denn man sieht dabei etwas merkwürdig aus. Die Übung geht ganz einfach wie folgt:

3. Übungen zum Thema des Tages

Sitali/ Sitkari-Zungenatmung

Setze dich möglichst aufrecht hin. Die Schulterblätter streben zueinander. Die Schultern selbst gehen weg von den Ohren und bleiben entspannt. Der Kopf ist gerade ausgerichtet. Wenn du NICHT gerade Auto fährst, kannst du die Augen schließen, um dich mehr auf die Übung zu konzentrieren. Ansonsten bitte die

Augen auflassen und bitte weiter auf die Straße schauen. Du kannst auch bis zur nächsten Ampelrotphase warten.

Atme tief in ein und tief wieder aus. Rolle deine Zunge nun zu einer Röhre, deren Spitze etwas vorne aus den gespitzten Lippen herausguckt – die Übung nennt sich dann Sitali. Wenn du das nicht kannst – es ist nämlich genetisch festgelegt, ob man die Zunge so rollen kann oder nicht – dann drücke die Spitze der Zunge hinter die oberen Schneidezähne. Die Lippen bleiben dann dabei entspannt und nicht spitz, eher lächelst du etwas. Diese Übung nennt sich dann Sitkari. Atme dann durch die längliche oder die quere Zungenröhre Luft ein und durch die Nase wieder aus. Merkst du, wie kühl sich die Luft anfühlt, die du durch die Zunge ziehst? Wiederhole das drei bis fünf Mal. Dann spüre nach … Diese Übung harmonisiert Energien, die außer Kontrolle geraten sind und beruhigt also den Geist. Zudem kühlt sie den Körper.

Marie hat die Atemübung mitgemacht und ist erstaunt. Sie befindet sich noch immer im zähfließenden Verkehr, aber sie fühlt sich deutlich entspannter. Ein Auto versucht sich gerade wieder vor ihrem rein zu quetschen, aber Marie lächelt nur. Sie spürt noch die Kälte auf ihrer Zunge. Sie gibt dem Autofahrer einen Wink: „Komm, Junge, ich lass dich rein. Du willst sicher auch nur schnell zur Arbeit."

Und nun du! Probiere es aus. Bist du ein Sitali- oder Sitkari-Typ? Spüre mal, wie schön kühl sich deine Zunge danach anfühlt … Erfrischend! Oder?

Weitere Atemübungen

Zwei weitere Atemübung, die die stressabbauend wirken und sich überall zwischendurch gut durchführen lassen, sind zum einen die Tiefe Bauchatmung und zum anderen die vollständige Yoga-Atmung. Sie unterstützen die Sauerstoffversorgung des Körpers und entschleunigen uns.

Tiefe Bauchatmung:

Lege dich auf den Rücken oder setze dich aufrecht auf einen Stuhl. Schließe die Augen. Lege nun die Hände auf deinen Bauch. Atme drei bis vier Sekunden tief in den Bauch ein und nimm wahr, wie sich die Bauchdecke nach außen wölbt und deine Hände etwas wegschiebt. Atme drei bis vier Sekunden wieder aus und nimm wahr, wie sich die Bauchdecke wieder mit den Händen ab. Wiederhole dies drei bis fünf Mal.

Vollständige Yoga-Atmung:

Diese Atemübung kannst du in jeder Körperposition ausführen: In der Rückenlage, im Sitzen, ja sogar, wenn du anstrengende, langanhaltende Yogaübungen ausführst. Du atmest dabei in alle drei Bereiche des Atemsystems ein: Bauch, Brustkorb und Schlüsselbein. Der Atem fließt ruhig und gleichmäßig. Einatmend geht der Bauch raus, der Brustkorb wird weit und die Schlüsselbeine heben sich etwas. Ausatmend senken sich zunächst die Schlüsselbeine, dann die Brust und zuletzt der Bauch wieder. Wiederhole dies wenige Male langsam und achtsam. Lasse die Schultern dabei entspannt.

4. Blitz-Transfer in den Alltag:

Diese drei Atemübungen erfordern keine große Vorbereitung und dauern nur wenige Sekunden bis Minuten. Deshalb lassen sie sich eigentlich überall im Alltag einbauen. Du kannst sie immer dann einsetzen, wenn du Stress fühlst. Um deinen Stresspegel grundsätzlich zu reduzieren, kannst du die Übungen auch täglich ausführen und an bestimmet Situationen knüpfen, damit du sie nicht vergisst. Zum Beispiel an einer roten Ampel oder morgens direkt nach dem Aufwachen; wenn du wartest, dass dein Tee gezogen hat. Oder am Mittag, wenn du wartest, bis das Nudelwasser kocht ... Auf der Couch beim Netflixen oder einfach beim Ausruhen auf der Gartenliege ... eigentlich zu jeder Tageszeit und in fast jeder Situation kannst du diese Atemtechniken zwischendurch bewusst ausführen.

5. Selbstliebe-Tagebuch

Tag 4, Datum:

So fühle ich mich am Abend des heutigen Tages:

- ○ fabelhaft!
- ○ gut
- ○ müde, aber glücklich
- ○ bewölkt
- ○ fix und fertig

Die heutigen Übungen haben mich wie folgt positiv beeinflusst
(1= gar nicht; 10 = absolut):

1	**2**	**3**	**4**	**5**	**6**	**7**	**8**	**9**	**10**

Das habe ich heute (über mich) gelernt:

Das möchte ich ab sofort in meinem Alltag verändern / in den Alltag integrieren:

Ich liebe mich heute besonders dafür/Das habe ich heute besonders gut hinbekommen:

Damit habe ich mir heute aktiv gutgetan:

Diese Freude möchte ich mir morgen machen:

Sonstige Notizen/To-dos:

Tag 5 | Bewusst und gesund Essen: Wie achtsames Kauen lebendiger Nahrung dein Leben verändern kann! (Sabine)

0. Wiederholungen

- Mache den Blitz-Transfer von Tag 1 (kurze Dankbarkeitsaffirmation).
- Mache den Blitz-Transfer von Tag 2 (kurze Achtsamkeitsübung, z.B. milde Handmassage, achtsames Haarekämmen etc.).
- Mache das Rosas kleines Yoga-Workout oder Teile daraus (z.B. Rosas „Krokodile Dundy", Rosas „Bauernhof", Rosas „Flussfahrt", Rosas „Happy Yoga-Ending").
- Mache eine kurze Atemübung (siehe voriges Kapitel).

1. Kurze Einführung in das Thema des Tages

Bewusst und gesund Essen mag für jeden etwas anderes bedeuten. Deshalb sprießen Kochbücher mit unterschiedlichsten Schwerpunkten auch nur so aus dem Boden: vegetarisch, vegan, low-carb, high-carb, ketogen, Paleo und so weiter. Da ich mich schon seit vielen Jahren für gesunde Ernährung interessiere, habe ich schon einiges ausprobiert und kann aus meiner Erfahrung sagen, dass mich die Rohkost auf ein ganz anderes Energielevel gebracht hat. Dabei esse ich bis späten Mittag komplett rohes Obst und Gemüse und später am Tag koche ich vegan. Zudem verzichte ich auf Industriezucker und esse glutenarm. So ein Ernährungskonzept bedeutet jedoch viel Fachwissen über Nährstoffe und lässt sich deshalb nicht von heute auf morgen umsetzen. Gesund vegan zu leben heißt eben nicht einfach tierische Produkte wegzulassen oder vegane Fertigprodukte zu kaufen. Denn dann mag es sein, dass man schnell in eine

Mangelernährung kommt. Ich habe mich viel belesen und vieles probiert und habe mich letztlich dazu entschieden, mich an den Jahrhunderte alten Regeln der Yoga-Philosophie zu orientieren. Hier werden diese wichtigen gesunden Nahrungsgruppen unterschieden (siehe u.a. Yoga Vidya, 2019):

- Vollkorngetreide,
- Hülsenfrüchte,
- Gemüse und Salat,
- Obst,
- Früher (vor der Massentierhaltung) wurden auch Milchprodukte in Maßen dazu gezählt.

Möchtest du dich also vollwertig gesund ernähren, sollte dein Speiseplan diese Nahrungsgruppen kombinieren. Dabei ist es wichtig, dass frisch gekocht oder eben roh gegessen wird.

Auf Fleisch, Fisch, Eier, Alkohol, Nikotin, stark verarbeitete Lebensmittel wie Fast Food, weißer Zucker etc. sollte ganz verzichtet werden, da sie den Körper entweder träge (tamasig) oder unruhig (rajasig) machen. Nahrungsmittel der oben beschriebenen Gruppen, die die Energien des Körpers nicht negativ beeinflussen, werden auch ‚sattwige' Lebensmittel genannt, was sich mit ‚rein' übersetzen lässt. Diese Nahrungsmittel geben dem Körper Energie, ohne ihn zu unruhig oder zu träge werden zu lassen. Wichtig beim Essen ist zudem, gut zu kauen, sich nicht zu viel zu nehmen und achtsam zu essen, d.h. dabei nichts anderes zu tun.

Wenn du keinen richtigen Schwung hast, dir ein stimmiges Leben aufzubauen, mag es unter anderem daran liegen, dass du nicht liebevoll mit deinem Körper umgehst und ihn durch ungeeignete Nahrung die Energie klaust, anstatt sie ihm zuzuführen. Gesundes Essen ist auch ein Aspekt von Selbstliebe – meiner Meinung nach ein Wesentlicher.

2. Beispiel „Sabine“

Sabine

Sabine ist vor kurzem unverschuldet arbeitslos geworden. Ihre Firma musste leider Insolvenz anmelden. Sie versucht sich nun als Grafikdesignerin selbstständig zu machen, doch es läuft schleppend. Sabine ist Single und hat keine Kinder. Die Tage verbringt sie meist alleine zu Hause. Sabine ist momentan dem sogenannten „Frustfressen“ etwas verfallen. Den ganzen Tag sitzt sie vor dem Computer, der Spielkonsole oder dem Fernseher und ernährt sich mit Fast Food, Schokolade, Chips und Weingummi. Meist schiebt sie sich automatisiert irgendwas in den Mund, ohne dass sie wirklich Hunger hat. Sabine ist frustriert und fühlt sich einsam. Irgendwie erfüllt ihr nicht mehr. Kurz überlegt sie, sich beim Laden gegenüber eine Flasche Wein zu kaufen und ihren Frust zu ertränken. Doch dann besinnt sie sich. Sich aus Frust zu betrinken ist eine andere Dimension, als sich in gemütlicher, lustiger Runde einen Schwipps anzutrinken. Sie schaut an sich herunter: ein fleckiger Jogginganzug, ungleiche Socken, kaputte Hauslatschen. Wie hatte sie sich so gehen lassen können? Ist das wirklich das Leben, was sie führen möchte? Um auf was zu warten? Depressionen, Alkoholabhängigkeit und schlechte Zähne? So nah am Abgrund war sie noch nie. Sie schaute sich in ihrer Wohnung um: Schmutziges Geschirr in jedem Zimmer, übervolle Abfalleimer, Wäscheberge und überall dieses ungesunde Essen! Frustriert setzt sie sich auf die Couch und schaltet Netflix an. Zufällig stößt sie auf eine Dokumentation über rohveganes Essen. Sie schaut sich das Szenario genau an. Eine hübsche strahlende Frau steht an der Kochinsel ihrer sauberen, modernen, weißen Küche. Sabine weiß natürlich, dass es eine inszenierte Dokumentation ist. Alles auf Friede, Freude, Eierkuchen getrimmt. Aber trotzdem strahlt es einen leichten und gesunden Lifestyle aus, der Sabine gefällt. Die Frau in der Doku sagt gerade „Du bist, was du isst!“ und beißt in eine Stange Staudensellerie. Tief im Innern wusste Sabine ja, dass es so bei ihr nicht weitergehen kann. Und tatsächlich steht ihr momentaner ungesunder Ess-Stil dafür, wie wenig sie sich gerade selbst liebt. Sonst würde sie mehr auf sich achten. Die fehlende Selbstliebe spiegelt sich auch in ihrer Körperpflege und in ihrer unordentlichen Wohnung wider. Sie wollte etwas ändern. Jetzt! Gesunde Nahrung ist da doch vielleicht ein Anfang. Sie wollte auch in reiner, leichter Atmosphäre in eine Stange Staudensellerie beißen, sich umsehen und denken: Ja! Du hast dein Leben wieder im Griff! Du liebst dich wieder selbst und achtest auf dich! Manchmal braucht man halt ein Vorbild, was einen inspiriert. Gesundes Essen ist nicht nur Nahrungsaufnahme – sondern ein Statement!

Ihre Wohnung war mal so hübsch. Sauber und stylish. Plötzlich sprang Sabine auf. Sie holte einen großen Müllsack und begann alles zu entsorgen, was ihr nicht guttat. Nach dem offensichtlichen Abfall kamen auch Chipstüten und Süßigkeiten dran. Der ganze Zucker hatte sie vernebelt. Sie machte nun Schluss damit. Mehrere Stunden räumte sie ihre Wohnung auf, putzte, dekorierte neu und ging dann duschen. Endlich begann sie sich wieder wie sie selbst zu fühlen. Sie schmiss noch eine Waschmaschine an, machte sich schick zurecht und ging Einkaufen. Jedoch keinen Wein, sondern Obst und Gemüse.

Abends ließ sie sich zufrieden auf ihrem sauberen Sofa nieder. Auf dem Wohnzimmertisch standen Stücke von Paprika, Apfel, Sellerie. Zudem Erdbeeren und Weintrauben. Es duftete herrlich frisch und sah schön bunt aus. Es klingelte. Sabine hatte eine Freundin eingeladen.

„Schön, dass du mich seit langem mal wieder einlädst“, sagte ihre Freundin Charlotte freudestrahlend. Sie zeigt auf das frische Obst und Gemüse. „Das erinnert mich an einen Beitrag, den ich die Tage im Fernsehen gesehen habe: achtsames Kauen lebendiger Nahrung! Sie lacht, „gruselig, oder?“ Es geht darum, langsam und gut zu kauen, damit die gesunden Bestandteile frischer Lebensmittel gut aufgenommen werden können. Wusstest du, dass unser Körper nur Lebensmittel, die nicht maschinell oder chemisch verändert sind, aufnehmen kann, ohne zu übersäuern? Eigentlich sollten wir uns den ganzen Tag damit ernähren. Na dann, sagte Sabine fröhlich und nahm eine Selleriestange „Stoß an!" Charlotte nahm ein Stück Paprika und stieß die Selleriestange an, als wäre es ein Sektglas.

3. Übung zum Thema des Tages

Achtsames Kauen gesunder Lebensmittel:

Sabine zitierte die Frau in der Rohkost-Doku: „Und nun Augen zu und mit allen Sinnen genießen! Beiße ab. Kaue langsam. Fühle, schmecke, rieche. Stelle dir vor, wie die ganze Lebensenergie der frischen Nahrung in jede Zelle deines Körpers fließt und diese mit Vitaminen und Mineralien versorgt. Spürst du die positive Energie, die deine Zellen aufnehmen?"

Sabine lacht: „Ganz ehrlich? Ich habe mich in den letzten Wochen echt gehen lassen! Die Rohkost inspiriert und motiviert mich, mein Leben wieder stimmig zu gestalten, anstatt mich hängen zu lassen und weiter zu schädigen. Ich möchte meinem Körper nun wieder die Möglichkeit geben, sich zu reinigen und die Nährstoffe aufzunehmen, die er braucht. Das wird mir bei jedem Bissen bewusst.

„Jepp!", nickt Charlotte. „In einem gesunden Körper, steckt ein gesunder Geist!"

Und Sabine entgegnet lachend: „Und wenn sie nicht gestorben sind, dann knabbern sie noch heute!"

Und du? Was ist mit dir? Hast du schon die Jacke an, um frisches Obst und Gemüse zu kaufen? Oder ist es doch eher die Telefonnummer von der Pizzeria? Natürlich heißt Selbstliebe auch, eine gesunde Ernährung nicht allzu dogmatisch durchziehen zu müssen. Sondern auch hier gilt: Du sollst dich gut dabei fühlen! Aber mach irgendwo einen Anfang. Vielleicht einmal in der Woche einen Rohkostabend? Du kaufst frisches Obst und Gemüse.

Bereitest es liebevoll zu. Genießt es sogar, es zu waschen und zu schneiden. Richtest es auf einem Teller bunt an.

Sei dir mit jedem Bissen bewusst, dass achtsames Kauen lebendiger Nahrung ein Akt der Selbstliebe ist. Weil es dir auf allen Ebenen guttut und Schwung gibt. Möchtest du mehr über rohköstliche Ernährung erfahren, empfehle ich dir die Bücher des Begründers der rohköstlichen Bewegung sowie des Fastens: Arnold Ehret.

Guten Appetit!

Alternativen zum Kauen: Frischer Gemüse-Saft, grüner Smoothie

Wenn du mehr für eine gesunde Ernährung tun möchtest und nicht immer Zeit oder Lust hast, an Rohkost zu knabbern, empfehle ich dir frisch gepresste Säfte und grüne Smoothies. Bestenfalls schon am Morgen bzw. Vormittag. Hier sind zunächst die Zutatenlisten für Saft und Smoothie, die ich mir täglich gönne und die superschnell gehen:

Frisch gepresster Gemüse-Obst-Saft:

- 500 Gramm Möhren
- 500 Gramm Stauden-Sellerie
- 300 Gramm Äpfel

Alles waschen, klein schneiden und im Entsafter frisch entsaften. Möglichst in einem sogenannten Slow-Juicer, um alle Vitamine und Mineralstoffe zu erhalten. Sofort trinken, da die Enzyme, den Saft direkt zersetzen und u.a. Vitamin C durch Licht zerstört wird.

Solltest du keinen Entsafter haben und dir auch momentan keinen kaufen können, so empfehle ich dir Zitronen oder Orangen mit der Hand auszupressen. Orangensaft kannst du dann pur trinken und Zitronenwasser in stilles Wasser geben (1 Zitrone in 500 ml stilles Wasser). Dann morgens auf nüchternen Magen trinken.

Und schon hast du was Tolles für deinen Magen, deine Leber und deinen Säure-Basen-Haushalt getan. Möchtest du mehr über die heilende Wirkung von u.a. Stauden-Sellerie und Zitronensaft erfahren, so empfehle ich dir die Bücher von Anthony William, z.B. das Buch „Mediale Medizin: Der wahre Ursprung von Krankheit und Heilung".

Grüner Smoothie:

Hast du einen Mixer? Dann ist folgender grüner Smoothie sehr zu empfehlen. Er entgiftet und führt dem Körper gleichzeitig wichtige Mineralien, Vitamine und sekundäre Pflanzenstoffe zu:

- 300 Gramm Blaubeeren (frisch oder gefroren)
- 2-3 große Hände voll junger frischer Spinatblätter (schmecken neutral)
- 1 große Banane
- Orangensaft aus zwei Orangen

So lange mixen, bis alles zusammen einen leicht dickflüssigen Smoothie ohne Stückchen ergibt. Guten Appetit!

Möchtest du dich auf einfache Art und Weise gesünder ernähren, rate ich dir sehr zu einem hochwertigen und leistungsstarken Mixer, der das Obst und Gemüse wirklich stückchenfrei mixen kann. Dann ist ein Smoothie am Morgen schneller gemacht, als ein Brot geschmiert und dein Start in den Tag ist wirklich perfekt! Denn ein grüner Smoothie gibt dir Energie, anstatt deinen Körper zu belasten. Du wirst sehen, wie viel Energie du plötzlich hast!

Man mag es kaum glauben: Wenn du dich täglich frisch ernährst und Industriezucker und ungesunde Fette stark reduzierst, wird auch dein Verstand noch klarer. Dein Bewusstsein erreicht eine andere Stufe. Kannst du dir nicht vorstellen? Dann probiere es für den Rest des Kurses doch einfach aus! Verzichte auf Fleisch, Fisch und Milchprodukte und nimm viel frisches Obst und Gemüse zu dir – überwiegend roh. Und schaue dann, was passiert.

Solltest du dich auf längere Sicht vegetarisch oder gar vegan ernähren wollen, so denke daran Vitamin B12 eventuell zu substituieren, welches wir sonst über Fleisch aufnehmen – leider oft mit vielen Antibiotika und Hormonen. Sowie eventuell veganes Omega 3 (auf Algenbasis), welches wir sonst über Fisch zu uns nehmen – leider oft mit vielen Schwermetallen. Erkundige dich hier noch mal gut – es gibt unzählige Informationen im Internet oder lasse dich von einem Heilpraktiker oder Arzt beraten.

4. Blitz-Transfer in den Alltag

Vielleicht fängst du an, an einem Abend in der Woche beim Fernsehen anstatt Chips und Schokolade, Gemüse und Obst zu knabbern. Oder du beginnst an einem Tag in der Woche einen Smoothie oder Saft, anstatt das bisherige Frühstück zu machen. Oder jeden Morgen als erstes 500 ml Zitronenwasser zu trinken. Egal, wie du anfängst, gesunde Nahrung mehr in deinen Alltag zu integrieren, dein Körper wird es dir danken. Wie fühlt sich der Gedanke für dich an?

5. Selbstliebe-Tagebuch

Tag 5, Datum:

So fühle ich mich am Abend des heutigen Tages:

- ○ fabelhaft!
- ○ gut
- ○ müde, aber glücklich
- ○ bewölkt
- ○ fix und fertig

Die heutigen Übungen haben mich wie folgt positiv beeinflusst
(1= gar nicht; 10 = absolut):

1	2	3	4	5	6	7	8	9	10

Das habe ich heute (über mich) gelernt:

Das möchte ich ab sofort in meinem Alltag verändern / in den Alltag integrieren:

Ich liebe mich heute besonders dafür/Das habe ich heute besonders gut hinbekommen:

Damit habe ich mir heute aktiv gutgetan:

Diese Freude möchte ich mir morgen machen:

Sonstige Notizen/To-dos:

REFLEXION WOCHE 1

Entwirf deinen „Ich liebe meinen Körper"-Wochenplan

Herzlichen Glückwunsch! Die ersten fünf Tage sind bereits um! Du hast einiges ausprobiert und kannst wirklich stolz darauf. Danke, dass du allen Übungen offen begegnet bist. Es mag sein, dass dich die ein oder andere Überwindung gekostet hat. Jeder Mensch ist unterschiedlich und spricht natürlich auf die verschiedenen Beispiele und Übungen unterschiedlich an. Das ist vollkommen in Ordnung so! Ich freue mich, wenn ich dich inspirieren konnte. Was du nun für dich daraus wirklich mitnimmst und vielleicht sogar als festen Bestandteil in deinen Alltag integrierst, liegt ganz allein in deiner Hand.

In diesem Abschnitt darfst du deinen „Ich liebe meinen Körper"-Wochenplan gestalten. Die folgenden Fragen sollen dich unterstützen, ein Resümee aus den ersten fünf Tagen zu ziehen und zu überlegen, was du zukünftig in deinen Alltag integrieren möchtest.

Reflexion der ersten fünf Tage des Selbstliebe-Kurses, Thema: Körper

Welche Geschichten haben dich am meisten inspiriert und warum?

Was nimmst du daraus für dich und deinen Alltag mit?

Welche Übungen taten dir besonders gut?

Welche Aspekte möchtest du in deinen Alltag (konkreter Tag/ Uhrzeit) integrieren/ beibehalten?

Welche Übungen oder Erkenntnisse möchtest du direkt mit in die zweite Woche nehmen? Sieh dir auch noch mal deine Tagebuchseiten an. Und dann schreibe dir die ausgewählten Übungen hier auf:

Achte darauf, dass du dich nicht überforderst. Schreibe nur Übungen auf, die sich ohne zu großen Aufwand in deinen Alltag integrieren lassen. Insgesamt sollten die Übungen pro Tag zwischen 10 und 25 Minuten liegen. Achte auch darauf, zu planen, ob du alle Übungen täglich ausführen magst oder manche vielleicht nur wöchentlich. Und berücksichtige, dass du für diesen Kurs weiterhin Zeit brauchst. Es liegen noch 25 spannende Tage vor dir!

Sei wirklich sehr bedacht beim Erstellen dieses Planes, denn er wird dich durch den ganzen Kurs begleiten! Du kannst natürlich auch andere Übungen hier aufschreiben, die du gerne tust, wie zum Beispiel ein Entspannungsbad nehmen oder einen Teetrinken. Wichtig schreibe dir die genaue Übung oder Aktion auf und die Uhrzeit bzw. wann du es tun willst, z.B. direkt nach dem Aufstehen.

„Ich liebe meinen Körper“-Wochenplan

Montag	Dienstag	Mittwoch	Donnerstag	Freitag	Samstag	Sonntag

Prima! Das hast du wirklich hervorragend gemacht! Nun gönne dir zwei Tage Auszeit. Du hast sie dir wirklich verdient!

Woche 2:

Die Seele streicheln und selbstbewusst werden

In der letzten Woche stand dein Körper im Fokus und du bist mit einem tollen „Ich liebe meinen Körper"-Wochenplan aus der Woche herausgekommen. Prima! Nun hast du etwas ganz konkretes handfestes, was du in deinem Alltag ab sofort umsetzen kannst. Das ist der erste Baustein der Selbstliebe.

In dieser Woche werden wir uns um deine Seele kümmern. Hört sich vielversprechend an, was? Das ist es auch. Es kommt diese Woche viel Selbstreflexion auf dich zu. Also atme schon mal tief durch! Ich wünsche dir von Herzen, dass du dir nach dieser Woche selbst mehr bewusst bist. Und somit eben – selbstbewusster bist. Denn das ist der zweite große Baustein des ersten Teils des Selbstliebe-Kurses: die Seele streicheln und selbstbewusst werden. Dies stärkt wiederum dein Selbstwertgefühl.

Um selbstbewusst zu sein und deiner Seele somit guttun zu können, schauen wir uns als Erstes an Tag 6 deine Werte an. Denn nach denen solltest du leben, damit sich dein Leben stimmig anfühlt und du dich wohlfühlst. Kennst du deine Werte, fällt es dir leichter ein Standing – also eine Haltung dir und anderen gegenüber – zu haben, selbst in Situationen, die dir eher Angst oder Sorge machen. Dieses Standing nenne ich „stolze Weiblichkeit" und das lernst du an Tag 7 zu entwickeln. Als drittes schauen wir uns an Tag 8 an, was deine Bedürfnisse sind, die sich unter anderem auch aus deinen Werten ergeben. Du machst dir deine Bedürfnisse an diesem Tag noch mal ganz bewusst und findest heraus, wie du sie dir möglichst selbst erfüllen kannst. Das macht emotional unabhängig und ist zudem auch ein Akt der Selbstliebe. Damit deine Seele geborgen in einem gesunden Umfeld eingebettet ist, schauen wir uns an Tag 9 die „7 Energiesäulen des Glücks", wie ich es nenne, an. Welche Energiesäulen hast du bereits, welche müsstest du noch ausbauen? Und zum guten Schluss analysieren wir gemeinsam, was momentan deine Energiefresser sind, die deine Energiesäulen des Glücks gefährden und wie du sie entschärfen kannst. Bäähm! Das wird FABELHAFT! „A new star is born!" würde ich sagen. Hast du Lust, deine Selbstliebe auf das nächste Level zu bringen? Dann beginne jetzt mit Tag 6! Viel Freude und spannende Selbsterkenntnisse!

Tag 6 | eigene Werte bewusst machen und leben (Martina)

0. Wiederholung: Übe nach deinem „Ich liebe meinen Körper"- Wochenplan. Was steht heute an?

1. Kurze Einführung in das Thema des Tages

Als Werte bzw. Wertvorstellungen bezeichnet man Eigenschaften, die als erstrebenswert oder moralisch gut betrachtet werden (Stangl, 2022). Dürfen wir selbst diese für uns positiv bewerteten Eigenschaften leben und nehmen diese auch an anderen wahr, die mit uns leben, so fühlen wir uns wohl. Gleiche Werte teilen verbindet. Deine Werte im Alltag nicht leben zu können, macht dich unzufrieden.

Selbstliebe meint also, die eigenen Werte leben zu können. Dazu gehört erstens, sich der eigenen Werte bewusst zu sein und zweitens, sich eine Umgebung zu schaffen, die zu den eigenen Werten passt. Denn sonst wird sich das Leben, was du dir erschaffen hast, für dich unstimmig anfühlen. Gegen die eigenen Werte zu leben, bedeutet genau das Gegenteil von Selbstliebe. Denn du vergewaltigst dich emotional jeden Tag selbst und schaust vielleicht noch dabei zu, wie auch andere Menschen auf dir herumtrampeln. Und dann ist die Gefahr groß, dass du dich am Ende sogar dafür hasst oder verachtest, weil du dies mit dir machen lässt. Wenn dir bewusst ist, dass das Unglück in deinem Leben sehr oft damit zu tun hat, dass du gegen deine Werte handelst, hast du die Chance, dir eine Umgebung zu schaffen, in der du entspannt und zufrieden leben kannst.

2. Beispiel „Martina“

Martina

Martina lebt ein Leben wie aus dem Bilderbuch: Sie ist verheiratet, hat zwei Kinder und ist finanziell gut abgesichert. Sie haben ein schönes Haus, fahren neue Autos und können es sich leisten, dreimal im Jahr in den Urlaub zu fahren. Momentan überlegt ihr Mann, für die Familie eine Ferienwohnung im Süden zu kaufen. Ihre Freundinnen beneiden Martina regelrecht und träumen davon, in ihrer Haut zu stecken. Martina ist jedoch oft traurig. Ihr Psychiater hat ihr gegen ihre depressiven Verstimmungen ein Medikament verschrieben. Das möchte sie jedoch nicht nehmen. Oft erinnert sie sich daran, was sie als junge Frau einmal werden wollte: Schauspielerin. Sie wurde sogar auf der Schauspielschule angenommen. Dann traf sie ihren Mann. Er machte ihr den Hof und las ihr jeden Wunsch von den Augen ab. Ihr Vater hieß ihn nicht zuletzt wegen seiner guten wirtschaftlichen Verhältnisse als Schwiegersohn willkommen. Martina heiratete und brach ihr Studium ab, als das erste Kind unterwegs war. „Diese brotlose Kunst führt doch eh zu nichts“, hatte ihr Vater gesagt und ihr Mann abgenickt. Martina hätte doch nun eine Aufgabe. Eigentlich der Klassiker. Nicht sonderlich emanzipiert, jedoch einfach. Martina gab sich dem Lauf der Dinge hin und hörte auf das, was andere für gut erachteten, ohne es groß zu hinterfragen. Wenn ihr Mann und sie Gäste hatten, langweilte sich Martina meist. Es machte ihr keinen Spaß, über Autos, Kleidung oder Luxushotels zu sprechen. Sie spielte jahrelang eine Rolle und wusste gar nicht mehr, wer sie selbst ist. Eines Tages traf sie zufällig eine alte Bekannte wieder, mit der sie damals auf der Schauspielschule war. Sie gingen einen Kaffee zusammentrinken. „Ich hätte dich kaum wiedererkannt“, sagt die Bekannte. „Früher in Jeans und Pferdeschwanz, immer für einen Streich zu haben. So lebendig und doch recht bescheiden. Dir war kreative Entfaltung so wichtig. Und ich weiß, dass du keine Kompromisse gemacht hast, wenn es um deinen Traum ging und nicht einen Tag die Schauspielschule geschwänzt. Es kam für alle sehr überraschend, als du abgebrochen hast." Martina lächelte etwas wehmütig. „Bist du denn nun glücklich?", fragte die Bekannte.

Als Martina abends neben ihrem Mann in ihrem Bett lag, hallte diese Frage noch lange in ihrem Kopf nach. Und sie fragte sich selbst noch mal: „Bin ich glücklich? Lebe ich nach den Maßstäben, die mir wichtig sind?" Sie stand auf, holte sich etwas zu schreiben und setzte sich auf die Couch. Sie kritzelte: „Was ist mir wichtig im Leben?" Dann schrieb sie herunter, was ihr in den Sinn kam: kreativ sein, Spontanität, Bescheidenheit, Abwechslung, tiefsinnige Gespräche, Projekte mit anderen zusammen durchführen, sinnvolle Tätigkeiten, andere Länder und Kulturen sehen, dem eigenen Herzen folgen, lachen, Selbstbestimmtheit, finanziell unabhängig, aus dem Herzen leben, aus dem Koffer leben ...

3. Übungen zum Thema des Tages

Eigene Werte bewusst machen

Mache wie Martina ein Brainstorming. Lasse dich von diesen Fragen inspirieren:

Was ist mir wirklich wichtig im Leben, im Job, in einer Beziehung (keine Dinge oder Personen)?

Wie möchte ich mich anderen gegenüber verhalten?

Wie sollen sich andere gegenüber mir verhalten?

Wie, wo möchte ich leben?

Schreibe deine spontanen Gedanken zudem, was dir wichtig ist, in die Tabelle:

Das, was du beschrieben hast, sind deine Werte! Oder es lassen sich deine Werte daraus ableiten, indem du Substantive dafür findest. Schreibe die passenden Substantive auf und entscheide dich für die zehn wichtigsten. Trage sie in die zehn Felder ein:

Meine 10 wichtigsten Werte:

Falls es dir ganz schwerfällt, selbst Werte zu formulieren, darfst du in dieser Liste spicken: Abenteuer, Achtsamkeit, Akzeptanz, Authentizität, Balance, Beharrlichkeit, Beliebtheit, Bescheidenheit, Dankbarkeit, Disziplin, Effizienz, Ehrlichkeit, Empathie, Entwicklung, Erfolg, Fantasie, Flexibilität, Freiheit, Friedfertigkeit, Fröhlichkeit, Geduld, Gelassenheit, Gerechtigkeit, Gesundheit, Gewaltlosigkeit, Glaubwürdigkeit, Großzügigkeit, Harmonie, Herzlichkeit, Hilfsbereitschaft, Humor, Intuition, Kompromissbereitschaft, Konstruktivität, Kreativität, Kritikfähigkeit, Leichtigkeit, Leidenschaft, Lernbereitschaft, Liebe, Loyalität, Mitgefühl, Minimalismus, Mut, Nachhaltigkeit, Nähe, Neugierde, Offenheit, Optimismus, Ordnung, Rationalität, Realismus, Respekt, Sanftmut, Selbstbestimmung, Sensibilität, Sicherheit, Solidarität, Spaß, Spiritualität, Spontanität, Toleranz, Tradition, Transparenz, Treue, Unabhängigkeit, Verantwortung, Vertrauen, Wahrheit, Weisheit, Wertschätzung, Wissen, Wohlstand, Wohlwollen, Würde, Zugehörigkeit, Zuverlässigkeit etc.

Lege dann eine Reihenfolge fest. Der Wert, der dir am wichtigsten ist, kommt auf Platz 1 und so weiter ...

Meine 10 wichtigsten Werte – in der Reihenfolge von 1-10:

1	6
2	7
3	8
4	9
5	10

Und nun frage dich: Kann ich momentan diese Werte leben? Wenn nicht, wie muss eine Umgebung aussehen, in der ich diese Werte leben kann? Was muss (s)ich ändern? Schreibe es stichpunktartig auf.

Um meine Werte leben zu können, muss ich Folgendes ändern:

Keine Sorge – wenn dir noch nicht ganz bewusst ist, was du genau ändern musst, um deine Werte leben zu können, so werden dich die nächsten Tage des Kurses deiner Erkenntnis sicher weiterbringen.

4. Blitz-Transfer in den Alltag

Sei dir deiner Werte bewusst. Frage dich in den nächsten Tagen, wenn es Situationen gibt, in denen du dich irgendwie unwohl, traurig oder frustriert fühlst, ob es daran liegt, dass einer deiner Werte nicht gelebt werden konnte. Schreibe es dir auf, wenn dir etwas bewusst geworden ist. Bedenke dabei: Es ist nicht durchgängig möglich, stets nach allen deinen Werten zu leben, da deine Werte nicht 100 % deckungsgleich mit den Werten anderer sind, die zu deinem Alltag gehören. Deshalb bleibt es nicht aus, Kompromisse zu machen und uns in Toleranz zu üben, um gut ein Leben miteinander zu gestalten. Trotzdem sollten die wichtigsten Werte nicht grundsätzlich, dauerhaft frustriert werden. Schau da gut hin.

5. Selbstliebe-Tagebuch

Tag 6, Datum:

So fühle ich mich am Abend des heutigen Tages:

- ○ fabelhaft!
- ○ gut
- ○ müde, aber glücklich
- ○ bewölkt
- ○ fix und fertig

Die heutigen Übungen haben mich wie folgt positiv beeinflusst (1= gar nicht; 10 = absolut):

1	2	3	4	5	6	7	8	9	10

Das habe ich heute (über mich) gelernt:

Das möchte ich ab sofort in meinem Alltag verändern / in den Alltag integrieren:

Ich liebe mich heute besonders dafür/Das habe ich heute besonders gut hinbekommen:

Damit habe ich mir heute aktiv gutgetan:

Diese Freude möchte ich mir morgen machen:

Sonstige Notizen/To-dos:

Tag 7 | Standing entwickeln und sich abgrenzen lernen (Lydia)

0. Wiederholung: Übe nach deinem „Ich liebe meinen Körper"- Wochenplan. Was steht heute an?

1. Kurze Einführung in das Thema von heute

Du bist dir am Tag zuvor bewusst geworden, was wichtig für dich ist, zum Beispiel „Ehrlichkeit" und was im Umkehrschluss für dich gar nicht geht, zum Beispiel, wenn du für jemanden lügen sollst oder dich jemand ständig anlügt. Sind dir deine Werte bewusst, so kannst du dich besser abgrenzen, wenn andere versuchen, dich zu einem Handeln zu bewegen, welches dagegen verstößt. Dir über deine Werte bewusst zu sein, ist der erste Schritt, der zweite Schritt ist, einfach stehen zu bleiben! Bleibe stehen, wenn andere etwas von dir möchten oder du selbst dich zu etwas bringen willst, was deinen Werten nicht entspricht und sich somit nicht richtig anfühlt. Wie ein sturer Esel, der keinen Schritt mehr tut, wenn er nicht möchte, bleibe stehen. Habe sozusagen ein „Standing"! Du kannst dem anderen kurz erklären, warum du Nein sagst (siehe dazu auch Tag 19 – Nein sagen lernen), doch wichtiger als Reden, ist es zu zeigen: Bleibe stehen. Punkt. Tue nicht, was der andere von dir möchte. Tue es einfach nicht. Sei dem anderen nicht böse, dass er es von dir erwartet, aber zeige klar, dass er an deine Grenze mit seinem Wunsch stößt. Wenn du magst, erkläre es dem anderen kurz und freundlich, aber fange nicht an zu diskutieren! Du musst für deine Werte keine Rechenschaft ablegen! Habe einfach ein freundliches, aber konsequentes „Standing".

2. Beispiel „Lydia"

Lydia

Lydia ist mit Ernesto verheiratet. Sie haben drei Kinder. Seit einiger Zeit wohnt Ernestos Mutter, Franka, mit im Haus. Es ist ein Mehrfamilienhaus und Franka hat die Wohnung über ihnen bezogen. Seitdem spannt Franka Lydia ständig ein: „Lydia, kannst du kurz für mich einkaufen gehen? Lydia begleite mich zum Arzt. Lydia wasche meine Vorhänge. Lydia färbe mir die Haare ... Lydia kann nicht mehr. Sie muss sich um drei Kinder, den Haushalt und ihren Mann kümmern. Zudem möchten auch ihre Eltern und Geschwister Dinge von ihr. Lydia steht morgens früh auf und fällt abends spät ins Bett. Den ganzen Tag ist sie für andere auf den Beinen. Ihr Arzt hat ihr dringend mehr Ruhe empfohlen, da Lydia an hohem Blutdruck leidet. Sie klagt ihrem Arzt ihr Leid. „Ich möchte so nicht leben! Wo bleibe ich?" Ihr Arzt nickt verständnisvoll. „Das ist eine berechtigte Frage, Lydia. Anderen zu helfen ist eine schöne Eigenschaft. Sich darüber völlig aufzugeben, eher fraglich. Wie wichtig sind sie sich? Machen Sie so weiter, werden sie bald zusammenklappen. Darüber sollten sie sich ernsthaft Gedanken machen." Auf der Heimfahrt kann Lydia im Bus keinen Sitzplatz mehr finden. Es ist Schulschluss und unzählige Kinder drängeln sich im Bus. Lydia ärgert es ein wenig, dass die jungen Leute, die älteren nicht den Vorrang bei den Sitzplätzen lassen. Sie hält sich erschöpft an der Stange fest. Im Bus gehen Lydia die Worte des Arztes nicht mehr aus dem Kopf. Öfter hat sie schon ihrem Mann gesagt, dass ihr das alles zu viel wird. Jedoch meinte er nur: „So ist das eben." Aber damit wollte sie sich nicht mehr zufriedengeben. Fürsorge ist ein großer Wert für sie. Doch warum denn nur Fürsorge für andere? Warum denn nicht auch Fürsorge für sich selbst? Wenn sie sich nicht um sich kümmere, wer denn dann? Niemand! „Ich bin doch auch wichtig!", platzte es plötzlich laut aus ihr heraus. Die anderen Fahrgäste schauten sie erstaunt an. „Junger Mann", sprach Lydia einen Jugendlichen freundlich, aber bestimmt an, der vor ihr saß. „Würdest du bitte aufstehen und mich setzen lassen? Ich bin erschöpft". Der Junge stand sofort auf. „Ja, natürlich. Kein Problem", sagte er. „Danke schön", lächelte Lydia und nahm Platz. Ab sofort würde sie fürsorglich mit sich selbst umgehen. Zu Hause angekommen, wartete schon ihre Schwiegermutter im Hausflur auf sie. „Da bist du ja endlich! Bitte komm und hilf mir beim Umtopfen meiner Zimmerpflanzen.

Die sind mir zu schwer", forderte sie. „Liebe Franka, mir auch. Der Arzt hat mir mehr Ruhe verordnet. Ich lege mich jetzt hin." Lydia ließ die verdutzte Franka im Hausflur stehen und betrat ihre Wohnung. Sie grinste stolz über das ganze Gesicht und atmete erleichtert auf. Am Abend sprach Ernesto Lydia darauf an: „Mama hat mir gesagt, du hättest sie im Flur stehen lassen, um dich hinzulegen, anstatt mit den Blumen zu helfen. Lydia schluckte. Ein schlechtes Gewissen kam in ihr hoch. Doch sie führte sich noch mal vor Augen, dass Selbstfürsorge nun ein hoher Wert für sie war. Sie atmete tief durch, stellte sich vor ihren Mann, sah ihm selbstbewusst in die Augen und sagte: „Ja. Ich werde mich ab sofort mehr um mich und meine Gesundheit kümmern." Ernesto gab ihr einen Klaps auf den Po und lachte: „Finde ich toll, Schatz!" Damit hatte Lydia gar nicht gerechnet. Ihr wurden die Knie etwas weich. Sie riss sich zusammen und sagte: „Danke. Ja, ich auch." „Aber, Mama wird dich mit Ignoranz strafen", lachte er weiter. „Du hättest ihr Gesicht sehen sollen, als sie es mir erzählte!" Lydia musste nun auch lachen: „Ja, das kann ich mir vorstellen." „Ich habe ihr gesagt, dass ich ihr später mit den Blumen helfe. Ist auch mal schön für mich, etwas mehr Zeit mit meiner Mutter zu verbringen", er zwinkerte Lydia liebevoll zu.

☑ 3. Übung zum Thema des Tages

Ein Standing zu haben ist riskant. Denn dem anderen könnte dein Standing nicht gefallen, denn du tust nicht, was er möchte. Ein Standing zu haben, bedeutet eine Grenze zu ziehen. Du lässt dir beispielsweise eine Verantwortung, die dir jemand übertragen möchte, dir nicht übertragen. Wie ärgerlich für den anderen! Er steht nun vor dieser Grenze und versucht den sturen Esel – also dich – eventuell mit allen Tricks doch noch dazu zu bewegen, seine Verantwortung zu tragen. Er wird versuchen, dir eine Möhre vors Maul zu halten, dir gut zuzureden oder dir sogar mit der Peitsche drohen. Wirst du dich beeindrucken lassen? Oder bleibst du stehen und trägst die Konsequenzen? Auf der anderen Seite macht ein Standing übrigens auch extrem sexy, denn du strahlst Selbstbewusstsein und Selbstwert aus. Denn das wirkt sehr anziehend. Du wirst sehen, dass andere dich zudem mehr respektieren werden, wenn du freundlich, aber ohne zu wackeln, entspannt und stark stehen bleibst. Probiere es aus:

Suche dir einen deiner Werte heraus, der öfter von anderen und dir selbst frustriert wird oder nimm den Wert Selbstfürsorge, wie in dem Beispiel von Lydia. Dann formuliere einen kurzen Satz, der dem anderen diesen Wert verdeutlicht und eine Grenze setzt. Bei Lydia war es der Satz:

„Ich werde mich ab sofort mehr um mich und meine Gesundheit kümmern."

Dein Wert:

....

Dein Satz dazu, der eine Grenze zieht (dein „Grenz-Satz"):

„Ich ....

....!"

Stelle dich nun vor den Spiegel. Stelle dich gerade hin. Schaue dir direkt in die Augen und sprich diesen Satz freundlich, aber laut und deutlich deinem Spiegelbild entgegen.

Hilfreich kann es sein, wie eine kleine Diva eine Hand auf die Taille zu setzen – Bauch rein, Brust raus. Und nun noch mal laut, klar und deutlich deinen „Grenz-Satz" sprechen. Und spürst du es? Sexy, oder? Ich nenne dieses innere Standing einer Frau auch „stolze Weiblichkeit". Hört sich doch irgendwie netter an als „Ich bin ein Esel", oder?

4. Blitz-Transfer in den Alltag.

Immer, wenn es nun die Notwendigkeit gibt, eine Anforderung abzublocken, die gegen deinen Wert verstößt: Stelle dich selbstbewusst auf, schaue dem anderen tief in die Augen und sage laut und deutlich, aber charmant den passenden Satz auf. Und dann bleibe dabei. Diskutiere nicht, um dich zu rechtfertigen. Wiederhole maximal den Satz noch ein weiteres Mal und verlasse dann die Situation. Überlege dir für deine anderen Werte auch solche „Grenz-Sätze". Diese können auch als Affirmation dienen. Damit du dir selbst auch immer wieder deine Grenzen vor Augen führst. Darauf werden wir an Tag 11 – negative Glaubenssätze hinterfragen und Tag 12 – die „Positiv Denken"-Notfallkiste noch näher eingehen.

Anzumerken ist noch, dass du nicht immer völlig starr und dogmatisch auf die Erfüllung deines Wertes in jeder Situation pochen musst. Natürlich gehört es im Leben dazu, Kompromisse zu machen. Lydia wird sicherlich ihrer Schwiegermutter weiter behilflich sein. Jedoch wird sie vorher mit sich ins Gespräch gehen, wann sie dies tut. Sei du dir also auch deines Wertes – in doppeltem Sinne – bewusst und wäge gut ab: Wann du einen Schritt auf den anderen zugehen magst und wann du dich selbst im Zuge der Selbstliebe in den Fokus setzt.

5. Selbstliebe-Tagebuch

Tag 7, Datum:

So fühle ich mich am Abend des heutigen Tages:

- ○ fabelhaft!
- ○ gut
- ○ müde, aber glücklich
- ○ bewölkt
- ○ fix und fertig

Die heutigen Übungen haben mich wie folgt positiv beeinflusst (1= gar nicht; 10 = absolut):

1	2	3	4	5	6	7	8	9	10

Das habe ich heute (über mich) gelernt:

Das möchte ich ab sofort in meinem Alltag verändern / in den Alltag integrieren:

Ich liebe mich heute besonders dafür/Das habe ich heute besonders gut hinbekommen:

Damit habe ich mir heute aktiv gutgetan:

Diese Freude möchte ich mir morgen machen:

Sonstige Notizen/To-dos:

Tag 8 | Eigene Bedürfnisse kennen und sich erfüllen (Sarah)

0. Wiederholung:

- Übe nach deinem „Ich liebe meinen Körper"-Plan. Was steht heute an?
- Wiederhole den Blitz-Transfer vom Tag zuvor, Stichwort: „Grenz-Satz".

1. Kurze Einführung in das Thema von heute

Hier die frohe Botschaft: Du darfst Bedürfnisse haben – auch als Erwachsene!

Sollte eine deiner negativen Glaubenssätze sein, dass du keine Bedürfnisse haben darfst, revidiere diesen Glaubenssatz sofort! Jeder Mensch hat Bedürfnisse. Nach Stangl ist ein Bedürfnis das Verlangen oder der Wunsch, einem empfundenen oder tatsächlichen Mangel Abhilfe zu schaffen (Stangl, 2022). Und eigentlich haben alle Menschen sogar die gleichen Bedürfnisse. Jedoch sind die Schwerpunkte unterschiedlich. Dem einen ist Sicherheit wichtiger als Freiheit. Bei dem nächsten ist es genau andersrum. Selbstliebe heißt definitiv auf die eigenen Bedürfnisse zu achten. Das bedeutet zum einen, dass du dir erst mal bewusst sein musst, was deine Hauptbedürfnisse sind, ähnlich wie bei deinen Werten. Und zum anderen, dass du wissen musst, wie du sie befriedigen kannst. Bedürfnisse und Emotionen hängen übrigens unmittelbar zusammen: Erfüllte Bedürfnisse lassen uns zufrieden und glücklich fühlen. Unerfüllte Bedürfnisse lösen ein Gefühl von Frust, Wut, Enttäuschung und Traurigkeit aus. Wenn du spirituell an dir arbeitest, kannst du jedoch lernen, immer weniger an deinen Bedürfnissen zu haften und zwar, indem du mehr und mehr dein Ego überwindest und mehr ins Hier und Jetzt kommst und einfach bist- ohne zu bewerten. Somit verschwinden die eben beschriebenen Emotionen zu den unerfüllten Bedürfnissen sowie sogar die Bedürfnisse selbst immer mehr. Irgendwann bist du dann nur noch Sat – Chit – Ananda. Doch bis dahin ist ein weiter Weg. Solange schauen wir uns an, welche Bedürfnisse es überhaupt gibt, reflektieren, welche wir haben und machen uns bewusst, dass unsere schlechte Laune, daherkommen kann, dass diese Bedürfnisse öfter frustriert werden.

Laut dem Modell „der Gewaltfreien Kommunikation" nach Marshall B. Rosenberg gibt es folgende vier Hauptbedürfnisse:

1. Entspanntsein: Harmonie, Gelassenheit, Ruhe, Frieden, Schlaf ...
2. Verbundenheit: Ehrlichkeit, Respekt, Intimität, wahrgenommen werden, Aufmerksamkeit, Verständnis ...
3. Selbstbestimmtheit: Eigenständigkeit, Unabhängigkeit, Freiwilligkeit, Individualität ...
4. Sicherheit: Vertrauen, Klarheit, Geborgenheit, Beständigkeit ...

Diese Bedürfnisse lassen sich mit unterschiedlichen sogenannten Strategien befriedigen. Damit ist gemeint, was ich tue oder sage, um dieses Bedürfnis erfüllt zu bekommen. In einer Beziehung kann ich darüber reden, welche Bedürfnisse ich habe und mit dem Partner über Möglichkeiten verhandeln, wie diese befriedigt werden können. Dabei ist es wichtig, sich bewusst zu machen: Stütze ich meine Strategie auf andere, so mache ich mich von deren Wohlwollen und Ressourcen abhängig und baue eigene Erwartungen auf, die frustriert werden können. Das führt dann nicht selten zu Streit. Denn ich lege meine Zufriedenheit in die Hand eines anderen und gebe diesem somit auch ein Stück die Verantwortung für mein eigenes Glück. Dem Partner könnten diese Erwartungen wiederum Druck machen. Trotzdem sollten eigen Bedürfnisse in einer Partnerschaft offen kommuniziert werden. Doch der Partner sollte die Wahl haben, ob und wie er an der Erfüllung dieser beteiligt sein will.

2. Beispiel „Sarah“

Sarah

„Ich bin verspannt“, sagt Sarah zu Finn. „Kannst du mich massieren?“ „Och nööö, nicht jetzt“, verzieht Finn das Gesicht. Das hört Sarah gar nicht gerne. Sie ist beleidigt und beginnt ihn unter Druck zu setzen: „Nie tust du, worum ich dich bitte. Ich glaube, du liebst mich gar nicht.“ „Hallo? Nur weil ich gerade keine Lust habe, dich zu massieren?“ „Weil du nie Lust hast, mich zu massieren“, erwidert Sahra provozierend. „Das stimmt doch gar nicht. Aber jetzt möchte ich nicht.“ „Gut“, sagt Sarah. Dann eben nicht. Finn macht einen anderen Vorschlag: „Aber ich könnte dir ein Bad einlassen. Und danach kuscheln wir zusammen. Wäre das auch was?“ Sarahs Gesicht hellt sich auf. „Ja! Wundervoll!“, sagte sie. „Es tut mir leid, dass ich sofort so eingeschnappt reagiert hatte“, fügte sie noch hinzu. „Kein Ding. Aber das nächste Mal, bleib bitte ruhig und im Gespräch. Wir finden dann die passende Lösung.“ „Ich versuche es“, versicherte Sarah.

Warum konnte der beginnende Streit so schnell gelöst werden? Weil Finn die zwei Hauptbedürfnisse hinter Sarahs Frage nach einer Massage erkannt hatte: Entspanntheit und Verbundenheit. Finn reagierte nicht schnippisch zurück, da er ein sehr großes Bedürfnis nach Harmonie in einer Beziehung hatte. Somit suchte er nach einer anderen Strategie, um Sarahs Bedürfnissen nachzukommen: baden und kuscheln. Die Verhandlung war geglückt. Und Finns Bedürfnis nach Harmonie zudem befriedigt.

Wenn Sarah ihre Bedürfnisse ebenfalls klar gewesen wären, so hätte sie in dieser Situation gelassener reagieren können und wäre vielleicht selbst auf andere Strategien gekommen. Selbstliebe bedeutet, sich seiner Bedürfnisse bewusst zu sein und verschiedene Möglichkeiten zur Erfüllung zu haben – vor allem welche, die mich nicht abhängig von anderen machen.

3. Übung zum Thema des Tages

Überlege dir für jedes Hauptbedürfnis mindestens drei Strategien, um dieses Bedürfnis zu stillen.

Beispiel:

Entspanntsein	Verbundenheit	Selbstbestimmtheit	Sicherheit
Baden	Telefonat mit Familie	Eigenes Auto	Finanziell selbst abgesichert
Yoga	Beten	Individueller Kleidungsstil	Soziales Netzwerk
Singen	Rausgehen mit Freunden	Spontane Freizeitgestaltung	Routinen

Und nun du – deine Strategien zur Befriedigung folgender Bedürfnisse:

Entspanntsein	Verbundenheit	Selbstbestimmtheit	Sicherheit

Wichtig ist noch zu wissen, dass nicht alle Bedürfnisse gleich stark vorhanden sein müssen, sondern individuell variieren. Dem einen ist Sicherheit wichtiger als Selbstbestimmtheit und andersherum. Schau hin, wie die Gewichtung der Bedürfnisse bei dir ausgeprägt ist. Bist du beispielsweise ein sehr freiheitsliebender Mensch, so wird dir Sicherheit wahrscheinlich nicht gleichwertig wichtig sein. Du könntest dich wohl dabei fühlen, beispielsweise einer selbständigen Tätigkeit nachzugehen, in der du vieles selbst bestimmen kannst und vielleicht orts- und zeitunabhängig arbeitest, als in einem angestellten Verhältnis mit festen Rahmenbedingungen.

4. Blitz-Transfer in den Alltag:

Kommt Streit auf, egal ob in deiner Partnerschaft, Familie, mit Kollegen etc. frage dich, welche Bedürfnisse dahinterstecken – bei dir und bei dem anderen. Frage dazu ggf. auch gerne den Gesprächspartner. Und teile ihm deine Bedürfnisse mit (siehe dazu auch Tag 18: ICH-Botschaften formulieren). Dann versuche in Verhandlung darüber zu gehen, mit welcher Strategie die Bedürfnisse auf beiden Seiten erfüllt werden könnten. Vielleicht wurde auf deiner Seite ein Bedürfnis nicht befriedigt, die du unabhängig von deinem momentanen Gesprächspartner erfüllen könntest? Denn letztlich liegt die Verantwortung für die Erfüllung deiner Bedürfnisse sowieso bei dir. Machst du dir das bewusst, so kannst du viel mehr wertschätzen, wenn andere etwas für dich tun. Und bist viel weniger frustriert, wenn sie es nicht tun. Denn du hast deinen Plan B direkt parat. Viel Erfolg!

5. Selbstliebe-Tagebuch

Tag 8, Datum:

So fühle ich mich am Abend des heutigen Tages:

- fabelhaft!
- gut
- müde, aber glücklich
- bewölkt
- fix und fertig

Die heutigen Übungen haben mich wie folgt positiv beeinflusst
(1= gar nicht; 10 = absolut):

1	2	3	4	5	6	7	8	9	10

Das habe ich heute (über mich) gelernt:

Das möchte ich ab sofort in meinem Alltag verändern / in den Alltag integrieren:

Ich liebe mich heute besonders dafür/Das habe ich heute besonders gut hinbekommen:

Damit habe ich mir heute aktiv gutgetan:

Diese Freude möchte ich mir morgen machen:

Sonstige Notizen/To-dos:

Tag 9 | Die „7 Energiesäulen des Glücks“ ausbauen und stabilisieren

(Saskia, Teil 1)

0. Wiederholung: Übe nach deinem „Ich liebe meinen Körper“- Wochenplan. Was steht heute an?

1. Kurze Einführung in das Thema des Tages:

Wofür möchte man Selbstliebe entwickeln? Letztlich um glücklich zu sein. Was Glück bedeutet, wird unterschiedlich betrachtet. Spirituell betrachtet gibt es kein Glück im Außen, sondern nur im Innern. Deshalb soll die spirituelle Entwicklung vorangetrieben werden, um Glückseligkeit zu erfahren. Meiner Ansicht nach, hat Glück mit Quellen positiver Energie zu tun. Je mehr positive Energie ich in mir und um mich herum aufbauen kann, desto glücklicher bin ich. Ich nenne diese Quellen positiver Energie in meinem Modell „Energiesäulen“. Sieben wesentliche Energiesäulen, habe ich in folgendem Glücks-Modell veranschaulicht:

„Die 7 Energiesäulen des Glücks“

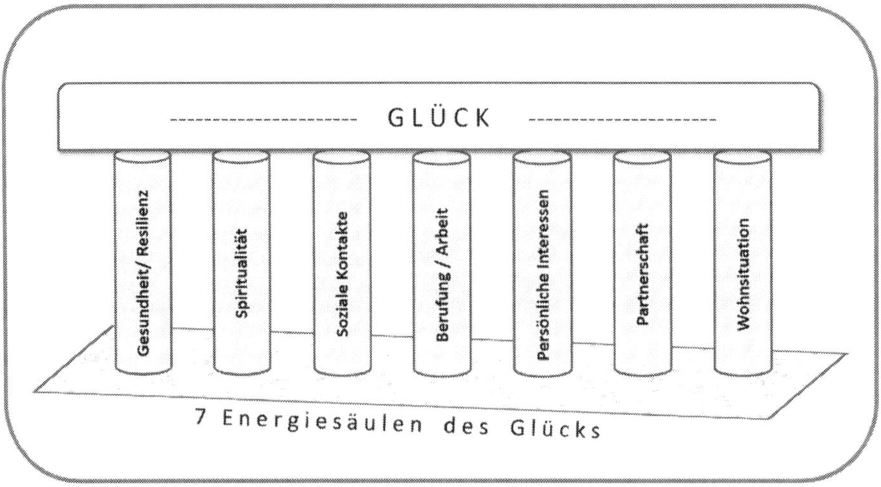

Darstellung: „Die 7 Energiesäulen des Glücks“, Quelle: eigene Darstellung, 2022 © Yvonne Borowiak

Die 7 Energiesäulen des Glücks lauten:

1. **Gesundheit/ Resilienz:** Tust du etwas für dein körperliches und psychisches Wohlbefinden und deine Widerstandskraft?
2. **Spiritualität:** Fühlst du Einheit, Harmonie und Verbundenheit und vertraust in eine höhere Kraft?
3. **Soziale Kontakte:** Gibt es Menschen (Freunde, Familie, Gurus etc.) in deinem Leben, mit denen du gerne und regelmäßig Zeit verbringst und die dich inspirieren und unterstützen?
4. **Berufung/ Arbeit:** Hast du eine Tätigkeit gefunden, die dir Sinn gibt und dich (er)nährt?
5. **Persönliche Interessen:** Tust du aktiv etwas, das dein Leben schöner macht und dir Freude bringt und dich in einen Flow versetzt?
6. **Partnerschaft:** Hast du einen Partner, bei dem du dich wertgeschätzt und geliebt fühlst; mit dem du Spaß hast und der dir hilft, dich selbst zu entwickeln? Und andersrum!?
7. **Wohnsituation:** Lebst du an dem Ort und auf die Art und Weise, wie es sich für dich gut und stimmig anfühlt (Stichwort: Kraftort)?

Die Säulen sind in der Darstellung gleich groß dargestellt. Wie gewichtig jedoch die jeweilige Säule für dich und dein Glück ist, das kannst nur du einschätzen. Zudem kannst du die Säulen selbst definieren. Was bedeutet beispielsweise die Energiesäule „Wohnsituation" für dich? Möchtest du einen festen Wohnsitz oder liebst du es, mit dem Rucksack durch die Welt zu ziehen? So oder so kann es dann eine Energiesäule sein. Es muss sich nur stimmig für dich anfühlen.

Nach meiner Erfahrung ergibt es Sinn, alle Säulen möglichst stark aufzubauen, um eine möglichst hohe Stabilität des Glücks zu erreichen. Bricht dann eine oder zwei Säulen weg, halten die anderen Säulen dein Glück aufrecht. Zudem bist du dann emotional nicht von einer Säule, z.B. Partner, abhängig. Deine

Welt bricht somit nicht komplett zusammen, wenn ein oder zwei Säulen in sich zusammenfallen. Selbstliebe bedeutet also, dich um deine Energiesäulen regelmäßig zu kümmern, damit sie nicht brüchig werden und irgendwann einstürzen.

2. Beispiel „Saskia, Teil 1“

Saskia

Saskia ist am Boden zerstört. Ihr ganzes Leben ist aus den Fugen geraten. Eigentlich sollte sie nun glücklich verheiratet in ihrem Traumhaus sitzen. Stattdessen sitzt sie auf gepackten Kartons in einer Wohnung, die sie in drei Tagen verlassen muss. Ihr Traummann Kevin hatte sie vor dem Altar stehen lassen. Während sie überhaupt nicht verstand, was gerade passierte und wo er bleibt, saß er bereits mit seiner Geliebten im Flugzeug in Richtung Flitterwochen. Saskia erfuhr vom Priester davon, der eine WhatsApp-Nachricht vom Flüchtigen erhielt und der versammelten Hochzeitsgesellschaft in der Kirche die Lage erklären musste. Das war nun fast drei Wochen her. Ihre Wohnung war gekündigt, da Saskia und Kevin nach den Flitterwochen ihr neues Haus beziehen wollten. Und nun: aus der Traum! Saskia hatte 14 Tage durchgeweint und dabei Kisten gepackt.

Plötzlich kommt ihr eine Abbildung in einem Buch über Selbstliebe in Erinnerung: „Die 7 Energiesäulen des Glücks“. Sie holt sich Stift und Papier und überlegt, ob sie diese noch zusammenbekommen würde. Das Buch war irgendwo in einem Karton verstaut. Nach einiger Überlegung schreibt sie alle sieben Energiesäulen auf. Sie schaut sich die Begriffe auf dem Zettel genau an. In letzter Zeit hatte sie einige dieser Säulen offensichtlich stark vernachlässigt. Sie hatte sich nur noch auf Kevin, die Hochzeit und den Hausbau konzentriert. Sie selbst war völlig auf der Strecke geblieben. Sie sah ihre Freunde nicht und ging nicht mehr zum Sport. Selbst ihren Job hatte sie gekündigt, um sich um alles besser kümmern zu können. Saskia seufzt. Sie erinnert sich nun auch an die Übungen, die damals in dem Buch standen.

3. Übung zum Thema des Tages

a) Male die Säulen grün, mit denen du ganz zufrieden bist – die schon stabil ausgebaut sind und die dir und deinem Glück Energie und Stabilität geben.

b) Male die Säulen rot, die gar nicht vorhanden sind oder die dich viel Energie kosten.

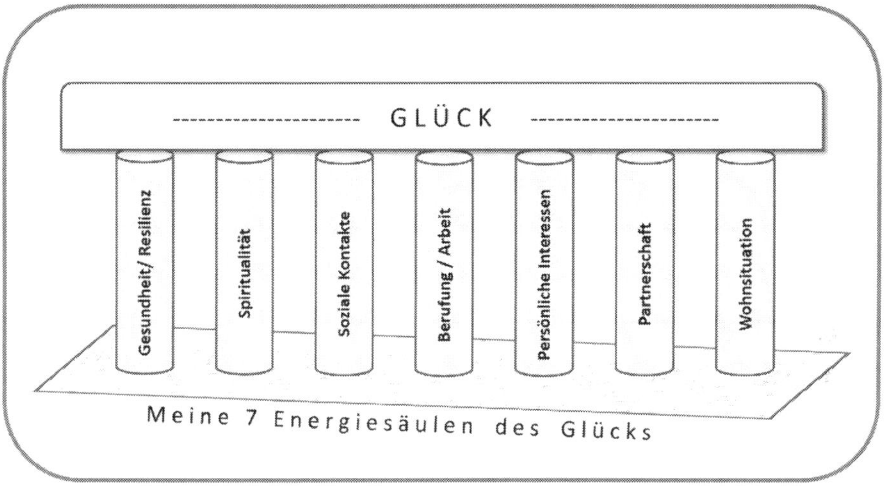

Darstellung: „Die 7 Energiesäulen des Glücks", Quelle: eigene Darstellung, 2022 © Yvonne Borowiak

c) Hast du Säulen rot angemalt? Dann fange nun an, eine dieser Säulen wieder aufzubauen oder zu verändern: Setze Prioritäten, dann formuliere dir ein Ziel pro Säule und schreibe dir auf, was du genau tun musst, um dieses Ziel zu erreichen.

Diese Säule baue ich als Erstes wieder mehr auf

Das ist mein konkretes Ziel

Das sind meine ersten Schritte:

- ♥ ....
- ♥ ....
- ♥ ....
- ♥ ....
- ♥ ....

Saskia skizziert die Energiesäulen noch mal und beginnt sie auszumalen. Jetzt wird ihr erst bewusst, wie dringend sie etwas tun muss! Damals, als sie das Buch gekauft hatte, waren drei der sieben Säulen bei ihr rot: Gesundheit/Resilienz, Spiritualität und Partnerschaft. Durch das Buch kümmerte sie sich mehr um ihren Körper. Sie aß gesünder, trieb Sport und pflegte achtsam ihren Körper. Durch kleine Affirmationen und Spaziergänge in der Natur schöpfte sie zusätzlich Kraft und fühlte sich irgendwie wieder glücklich und zufrieden. Sie fühlte sich auch wieder attraktiver und lernte schließlich Kevin kennen. Mit ihm schwebte sie wenige Wochen auf Wolke 7. Bis er anfing, sie ständig zu kritisieren. So war sie nur noch damit beschäftigt, seine Erwartungen zu erfüllen. Das wird ihr nun bewusst, als sie auf die Energiesäulen blickt: Alle Säulen waren rot angemalt! Höchste Zeit, ihr Leben wieder aufzubauen! Sie schreibt an die Säulen eine Ziffer von 1-7, um zu priorisieren, in welcher Reihenfolge sie diese angehen möchte. Dann formuliert sie für alle Säulen klare Ziele und überlegt sich für die Säule, die sie als Erstes wieder aufbauen möchte, eine To-do-Liste: die Dinge, die sie nun tun musste, um das Ziel zu erreichen.

Jetzt bist du dran: Absolviere die oben beschriebene Übung, wenn du es noch nicht getan hast.

4. Blitz-Transfer in den Alltag:

Du hast die Säulen rot oder grün angemalt. Dann siehst du auf einen Blick, welche Säulen du stärken solltest. Zudem hast du dir zu einer Säule konkrete Schritte überlegt. Du weißt jetzt konkret, woran du arbeiten kannst. Plane die ersten To-dos nun konkret in deinem Kalender.

Zum Thema Gesundheit/ Resilienz bist du nach Woche 1 ja bereits aktiv. Diese Säule ist somit momentan grün! Herzlichen Glückwunsch! Behalte deine „7 Energiesäulen des Glücks“ immer gut im Auge! Damit es für dich kein böses Erwachen a la Saskia (mehr) gibt!

5. Selbstliebe-Tagebuch

Tag 9, Datum:

So fühle ich mich am Abend des heutigen Tages:

- ○ fabelhaft!
- ○ gut
- ○ müde, aber glücklich
- ○ bewölkt
- ○ fix und fertig

Die heutigen Übungen haben mich wie folgt positiv beeinflusst (1= gar nicht; 10 = absolut):

1	2	3	4	5	6	7	8	9	10

Das habe ich heute (über mich) gelernt:

Das möchte ich ab sofort in meinem Alltag verändern / in den Alltag integrieren:

Ich liebe mich heute besonders dafür/Das habe ich heute besonders gut hinbekommen:

Damit habe ich mir heute aktiv gutgetan:

Diese Freude möchte ich mir morgen machen:

Sonstige Notizen/To-dos:

Tag 10 | Energiefresser bewusst machen und 'entschärfen' (Saskia, Teil 2)

0. Wiederholung:

- Übe nach deinem Selbstliebe-Plan. Was steht heute an?
- Gehe die ersten Schritte, um deine gestern auserwählte Energiesäule wieder auszubauen.

1. Kurze Einführung in das Thema von heute

Es gibt nicht nur Energiesäulen, sondern etliche Energiefresser in unserem Leben: Es können Menschen sein, die uns aus unterschiedlichsten Gründen Kraft kosten, bürokratische Hürden, finanzielle Probleme oder einfach der Stau am Morgen. Energiefresser sind unterschiedlich groß und schwer. Es gibt sehr große mit gutem Appetit, die sehr viel unserer Energie fressen, z.B. ein toxischer Partner. Und auch ganz kleine, eher nervig süße Energiefresserchen wie die alte Nachbarin, die mehrmals in der Woche versucht, dich am Gartenzaun in ein kleines Schwätzchen über das Wetter und ihre Enkel zu verwickeln. Ich möchte dich am heutigen Tag dabei unterstützen, einige deiner Energiefresser und -fresserchen zu finden und dir aufzeigen, wie du mit ihnen umgehen kannst.

2. Beispiel „Saskia, Teil 2"

Saskia

Saskia arbeitete in den letzten Wochen an dem Aufbau ihrer Energiesäulen. Sie hatte bereits eine neue Wohnung bezogen und trieb Sport und traf sich wieder regelmäßig mit Freunden und Familie. Beim Aufbau ihrer Energiesäulen war ihr jedoch aufgefallen, dass in allen Bereichen der 7 Energiesäulen, auch Energiefresser auftauchen können. Bei Saskia war es so, dass sie eine wunderschöne kleine Wohnung mit Balkon Richtung Südseite gefunden hatte. Sie richtete sich gemütlich ein und bepflanze den Balkon. Doch immer, wenn sie sich in ihre Hängematte auf dem Balkon legte, um zu entspannen und frische Luft einzuatmen, machte sich der Nachbar unter ihr eine Zigarette an. Der Rauch zog direkt zu ihr hoch. Zunächst wollte sie es ignorieren. Doch sie fand den bissigen Qualm unerträglich. Dann vermied sie es, auf den Balkon zu gehen. Das machte sie jedoch wütend. Das war doch keine Lösung! Warum hatte sie so einen schönen Balkon, wenn sie ihn nicht nutzen konnte? Schließlich nahm sie ihren Mut zusammen und klingelte unten bei dem Nachbarn an. Ein gutaussehender junger Mann öffnete fröhlich die Tür. Er trug ein T-Shirt und zerrissene Jeans. Saskia kam sich nun irgendwie doch ein wenig spießig vor, sich über den Qualm zu beschweren. Sie stammelte: „Ähm, ich wollte mich vorstellen. Ich bin die neue Nachbarin." „Ah, ja, hab dich schon gehört. Hast öfter Kisten hin- und hergeschoben, in den letzten Wochen und gebohrt und so." Saskia wurde rot. Erst jetzt wurde ihr bewusst, dass auch sie andere Menschen stören könnte. Er bemerkte ihre Verlegenheit und lachte: „Hey, nicht so schlimm. Ich bin Daniel. Komm doch rein, ich hab' gerade einen Tee gemacht. Können wir uns noch ein bisschen unterhalten". „Ich bin Saskia. Ok."

Daniel deutete auf seinen Balkon, auf dem ein Klapptisch und zwei Stühle standen. „Setzt dich. Ich hole eben den Tee. Sorry für die Unordnung, aber ich schreibe gerade an meiner Abschlussarbeit und bin unter Zeitdruck. Irgendwie lasse ich alles andere liegen." Saskia nickte verständnisvoll: „Ging mir auch so vor zwei Jahren. Und ich habe Unmengen an Schokolade gegessen!" Daniel lachte: „Bei mir ist es das Rauchen. Eigentlich rauche ich nicht so viel. Nur ab und zu, wenn ich mit Kollegen ausgehe. Aber momentan eine nach der anderen." Saskia entgegnete: „Jaaaa, ich weiß." „Oh herrje! Kannst du das oben riechen?", errötete Jan. „Ja leider", lachte Saskia und fügte schnell hinzu: „Aber wir finden bestimmt ne Lösung." „Na klar doch", Daniel musterte sie. „Ich rauche ab sofort einfach auf *deinem* Balkon, dann zieht alles noch ein Stockwerk höher." Saskia lachte verlegen. Ihr gingen die Energiesäulen im

Kopf herum. „Vielleicht kann ich demnächst noch eine Säule grün malen ...", dachte sie schmunzelnd.

3. Übung zum Thema des Tages

1. Schaue dir deine 7 Energiesäulen von gestern noch mal an. Und überlege, welche Energiefresser es gibt, die deine Energiesäulen beeinträchtigen. Schreibe die Energiefresser unter der jeweiligen Säule auf.
2. Überlege dir, wie sehr das Fresserchen deine Energie saugt: Kannst du damit gut leben, es akzeptieren? Oder möchtest du unbedingt etwas daran ändern?
3. Wenn du etwas ändern möchtest: Überlege dir, ob und wie du den jeweiligen Energiefresser beseitigen kannst. Was oder wen brauchst du dafür?

Steht es nicht in deiner Macht, den Energiefresser aus dem Weg zu räumen oder ihn abzumildern, musst du vielleicht drastischere Veränderungen in Erwägung ziehen. In Saskias Fall und der Rauchbelästigung würde es bedeuten, dass sie den Hausverwalter um Hilfe hätte bitten müssen oder im schlimmsten Fall wieder ausziehen, um die Energiesäule „Wohnsituation" zu retten.

4. Blitz-Transfer in den Alltag

Welchem Energiefresserchen möchtest du heute den Garaus machen? Nimm dir erst mal ein kleines Energiefresserchen zum Üben vor. An die großen Energiefresser begebe dich erst nach dem Kurs, denn die sind recht widerspenstig und zäh. Wenn du genug Selbstliebe getankt hast und die Übungen alle durchlaufen hast, bist du besser vorbereitet. Vielleicht sind sogar einige von ihnen dann schon vor dir und deiner neuen Ausstrahlung – deiner stolzen Weiblichkeit – geflüchtet.

5. Selbstliebe-Tagebuch

Tag 10, Datum:

So fühle ich mich am Abend des heutigen Tages:

- fabelhaft!
- gut
- müde, aber glücklich
- bewölkt
- fix und fertig

Die heutigen Übungen haben mich wie folgt positiv beeinflusst
(1= gar nicht; 10 = absolut):

1	2	3	4	5	6	7	8	9	10

Das habe ich heute (über mich) gelernt:

Das möchte ich ab sofort in meinem Alltag verändern / in den Alltag integrieren:

Ich liebe mich heute besonders dafür/Das habe ich heute besonders gut hinbekommen:

Damit habe ich mir heute aktiv gutgetan:

Diese Freude möchte ich mir morgen machen:

Sonstige Notizen/To-dos:

REFLEXION WOCHE 2

Male dein „Ich liebe mein Leben"-Selbstbild

Juchhu, du hast die zweite Woche geschafft! Dir sind in dieser zweiten Woche deine Werte, Glaubenssätze, Bedürfnisse, Energiesäulen und Energiefresser bewusst geworden.

Nun lasse die letzten zwei Wochen Revue passieren und überlege, was du in den letzten zehn Tagen über dich gelernt hast.

Male jetzt ein Bild von dir selbst!

Im wahrsten Sinne! Hole dir Buntstifte und versuche zu skizzieren:

- ♥ Wie könnte dein neues Ich aussehen, wenn du ihm einen Körper geben würdest?
- ♥ Wie sieht die Umgebung aus, in der es sich aufhält?
- ♥ Mit welchen Personen würdest du dich umgeben?
- ♥ Was würdest du beruflich tun?
- ♥ Welche Dinge, Aktivitäten, Personen würden deine Energiesäulen des Glücks stärken?

Du kannst dir zunächst Stichpunkte machen. Und dann lege los! Und hier geht es nicht um schön. Gib deinen Gedanken eine Form!

Mein „Ich liebe mein Leben" - Selbstbild

Bist du fertig? Schaue dir das Bild an. Und vergleiche: Welche Punkte gibt es, die du jetzt schon an dir und deinem Leben wahrnimmst. Welche Aspekte siehst du, wo du noch an dir arbeiten darfst. Hast du vielleicht Dinge gemalt, die sich nicht wirklich stimmig anfühlen? Dann bessere nach!

Wenn du gar nicht malen möchtest oder Lust hast, noch etwas zu tun, fülle die folgenden Fragen aus:

Reflektiere und fasse zusammen:

Wenn du überhaupt kein Bild malen möchtest oder immer noch Lust und Kraft hast, dann fasse zusammen:

Meine drei wichtigsten Werte:

1. ....
2. ....
3. ....

Meine drei negativen Glaubenssätze und ihre Umwandlung in positive Affirmationen:

	Negativer Glaubenssatz	Umgewandelt in diese positive Affirmation
1		
2		
3		

Weitere positive Affirmationen:

♥

♥

♥

Meine vier wichtigsten Bedürfnisse und was ich konkret tun kann, um sie mir zu erfüllen:

	Bedürfnis	Konkrete Aktivitäten zur Erfüllung
1		♥ ♥ ♥
2		♥ ♥ ♥
3		♥ ♥ ♥
4		♥ ♥ ♥

An folgenden zwei „Energiesäulen des Glücks" möchte ich in den nächsten Wochen arbeiten:

1. ……………………………………

Ziel: ……………………………………

Zeitraum, in dem das Ziel erreicht werden soll: ……………………

Erste To-dos, um das Ziel zu erreichen:

♥ ……………………………………

♥ ……………………………………

♥ ……………………………………

♥ ……………………………………

♥ ……………………………………

2. ……………………………………

Ziel: ……………………………………

Zeitraum, in dem das Ziel erreicht werden soll: ……………………

Erste To-dos, um das Ziel zu erreichen:

♥ ……………………………………

♥ ……………………………………

♥ ……………………………………

♥ ……………………………………

♥ ……………………………………

Folgende zwei *Energiefresser* möchte ich in den nächsten Wochen „eliminieren“:

1.

Ziel:

Zeitraum, in dem das Ziel erreicht werden soll:

Erste To-dos, um das Ziel zu erreichen:

- ♥
- ♥
- ♥
- ♥
- ♥

2.

Ziel:

Zeitraum, in dem das Ziel erreicht werden soll:

Erste To-dos, um das Ziel zu erreichen:

- ♥
- ♥
- ♥
- ♥
- ♥

Hänge dir das Bild und/ oder eine Kopie der ausgefüllten Fragen von deinem Ideal irgendwo auf. Und wenn du enttäuscht oder frustriert von dir selbst bist, schaue dir das Bild an. Und frage dich: Kannst und möchtest du dein Verhalten oder die Rahmenbedingungen das nächste Mal ändern? Wenn ja, was musst du konkret dazu lernen? Welche Fähigkeiten entwickeln? Was in deinem Leben zulassen und was loslassen?

Mache dir auch bewusst, dass du nicht alle Aspekte verwirklichen kannst! Es ist ein Ideal! Deshalb ist es unerreichbar. Es war aber schon immer unterbewusst in deinem Kopf und du hast dich damit verglichen. Dann warst du wahrscheinlich frustriert, weil man ein Ideal eben nicht zu 100 % erreichen kann. Mach dir das bewusst und dir geht es sofort besser! Du darfst gerne danach streben, die beste Version deiner selbst zu werden. Jedoch tue dies auch wieder achtsam und liebevoll. Du kennst den Spruch: Der Weg ist das Ziel!

Und nun: Ab ins Wochenende! Ruhe dich auf deinen Lorbeeren aus. Du hast es dir verdient!

WOCHE 3:

Den Geist positiv stimmen und Energie tanken

Zwei Wochen hast du bereits sehr gut und intensiv an dir in puncto Selbstliebe gearbeitet. Du darfst echt stolz auf dich sein!

Hattest du Aha-Erlebnisse? Bemerkst du bereits Veränderungen an deinem Körper und allgemein in deinem Wohlbefinden? Wenn du Selbstliebe praktizierst, wird sich dein Leben grundlegend verändern, weil du bewusst mit dir umgehst. Du wirst glücklicher. Dein Geist wird sich ein gutes Stück positiv stimmen, wenn du regelmäßig übst und dich weiter reflektierst. In dieser Woche wird es darum gehen, die positive Grundstimmung, die du bereits erreicht hast, wenn du deinem Plan gefolgt bist, noch etwas zu steigern. Mache dir jedoch bitte keine Gedanken oder Druck, wenn du noch keinen großen positiven Effekt merkst. Die Arbeit an uns selbst ist anstrengend. Tiefgreifende Veränderungen passieren nicht von heute auf morgen. Gewohnheiten brauchen Zeit, um sich zu bilden. Deshalb mag es eben sein, dass du dich zwischendurch sogar eher erschöpft fühlst oder dich über dich selbst ärgerst, wenn du die Erwartungen an dich nicht erfüllst. Alles darf sein.

In dieser Woche gebe ich dir Werkzeuge an die Hand, die deinen Geist beruhigen und wieder positiv stimmen, wenn sich negative Gedanken aufdrängen.

An Tag 11 hinterfragst du deine negativen Glaubenssätze und formulierst positive Affirmationen.

An Tag 12 kreierst du deinen eigenen „Positiv Denken-Notfallkiste“ gerade für Momente, an denen du zweifelst und in alte Muster zurückfällst.

An Tag 13 wirst du lernen, dir wie ein Freund liebevoll Mut zuzusprechen und einen „Mut-Mach-Brief“ verfassen.

An Tag 14 werde ich dir aufzeigen, dass du eigentlich gar nichts, was andere sagen oder tun, persönlich nehmen musst. Zudem lernst du innezuhalten, anstatt direkt zu reagieren, wenn negative Gefühle kommen.

An Tag 15 erwartet dich eine wohltuende Gehmeditation in der Natur, um den Geist zu beruhigen und Kraft zu tanken.

Ich wünsche dir einen guten Start in die Woche!

Tag 11 | negative Glaubenssätze hinterfragen und in positive Affirmationen wandeln (Dani)

0. Wiederholung:

- ♥ Übe nach deinem „Ich liebe meinen Körper"-Plan. Was steht heute an?
- ♥ Schaue dir dein „Ich liebe mein Leben"-Selbstbild an. Visualisiere, wer du bist! Eine starke Frau mit stolzer Weiblichkeit, die weiß, was ihre Seele braucht und wie sie es sich geben kann.

1. Kurze Einführung in das Thema von heute

Jeder von uns hat sogenannte Glaubenssätze im Kopf. Das sind Annahmen über uns selbst. Diese Annahmen setzen sich als Regeln in unserem Kopf fest: Was man darf/ soll/ muss oder ist oder eben *nicht* darf/soll/muss/ ist. Diese Glaubenssätze speisen sich aus Bewertungen bzw. Abwertungen, denen wir meist schon in der Kindheit ausgesetzt waren und die wir als wahr in uns abspeicherten. Manchmal waren es direkte Äußerungen anderer über uns, wie Vorwürfe und manchmal sind es Erlebnisse und Erfahrungen, die wir als Glaubenssätze formuliert haben. Diese Glaubenssätze spielen sich automatisiert immer wieder in unserem Unterbewusstsein ab und beeinflussen unser Verhalten. Das gemeine daran ist, dass es uns oft gar nicht bewusst ist.

Haben wir negative Glaubenssätze, so mag es sein, dass wir uns manchmal traurig, unwohl oder ängstlich fühlen und gar nicht so richtig wissen, warum. Oder wir werden wütend auf andere, die unsere Glaubenssätze triggern. So handeln wir nach falschen Maximen. Es mag auch sein, dass wir durch negative Glaubenssätze, Dinge vermeiden oder und uns ohne ersichtlichen Grund minderwertig fühlen.

2. Beispiel „Dani“

Dani

Dani hat einen neuen Freund. Er heißt Rene. Sie sind nun seit zwei Monaten zusammen. Meist verbringen sie die Wochenenden gemeinsam. An diesem Wochenende sind sie bei Rene zu Hause. Als Danielle Sonntagmorgen bei Rene duscht, fängt sie dabei an zu singen. So tut sie es immer unter der Dusche, jedenfalls in ihrem Zuhause. Als sie die Duschkabine öffnet, erschrickt sie: Rene steht vor ihr mit einem Lächeln und applaudiert. „Wow! Das war großartig!“, sagt Rene. Dani wird wütend; „Du bist so ein Idiot!“, faucht sie Rene entgegen, zieht sich an, packt ihre Sachen und verschwindet aus der Wohnung. Rene versteht die Welt nicht mehr. Was hat Dani so wütend gemacht?

Einen Tag später sucht er das Gespräch und fährt zu Dani. „Ich verstehe nicht, warum du so wütend reagiert hast“, beginnt Rene. Dani entgegnet: „Na, weil du dich über mich lustig gemacht hast!“ „Hä? Wieso über dich lustig gemacht? Ich fand es großartig, wie du singst und das habe ich doch auch so gesagt.“ „Mit einem Grinsen im Gesicht!“, erwidert Dani. „Das war kein Grinsen, sondern ein überraschtes Lächeln!“, erklärt Rene. „Na klar, weil ich so eine groooooßartige Stimme habe“, schluchzt Dani verbittert. „Genau! Ich weiß nicht, was es da zu weinen gibt.“ Rene versteht immer noch nicht, worum es hier eigentlich geht. „Weil ich weiß, dass ich keine gute Stimme habe. Deshalb singe ich auch nur unter der Dusche.“ „Wie kommst du darauf, dass du keine gute Stimme hast?“, fragt Rene verwundert. Dani überlegt. Ihr kommt ein Telefonat in den Sinn, welches ihre Mutter vor einigen Jahren mit ihrer Freundin geführt hatte, als Dani ungefähr 11 Jahre alt war. Ihre Mutter äußerte sich amüsiert: „Meine Tochter singt neuerdings sehr viel zu Hause. Jedenfalls versucht sie es. Es hört sich eher so an, als hätte man einer Katze auf den Schwanz getreten. Ich schließe dann immer schnell unsere Fenster, damit wir uns vor den Nachbarn nicht blamieren."

Dani wird plötzlich klar, wie sehr sie die Äußerung ihrer Mutter prägte. Seitdem glaubt sie: „Ich habe eine schreckliche Singstimme." Sie vermied es seit diesem belauschten Telefonat vor anderen zu singen. Sie hat die Bewertung ihrer Mutter als wahr akzeptiert, ohne dies jemals infrage zu stellen.

3. Übung zum Thema des Tages

Welche negativen Glaubenssätze hast du?

1. Gehe den ersten Schritt zur Befreiung: Erkenne deine negativen Glaubenssätze.

Überlege, in welchen Situationen du liebgemeinte Zuwendung oder ein Kompliment nicht annehmen konntest. Hinter Wut und auch Angst stehen oft unbewusste Glaubenssätze. Vielleicht wird dir ja gerade der ein oder andere bewusst? Wenn ja, suche sie unten in der Tabelle und umkreise sie rot. Oder ergänze sie in der Tabelle und umkreise sie dann.

Hier einige Beispiele für negative Glaubenssätze:

„Ich bin nicht gut genug."	„Ich darf nicht weinen."	„Ich bin zu dick/ zu dünn/ hässlich..."	„Ich muss vorsichtig sein."
„Ich bin es nicht wert/ wenig wert."	„Ich muss in erster Linie für andere da sein."	„Ich darf anderen nicht zur Last fallen."	„Ich muss meine Bedürfnisse stets hinten anstellen."

„Ich darf keine Fehler machen.“	„Nur, wenn ich etwas leiste, werde ich geliebt.“	„Ich muss immer stark sein.“	
„Ich darf keine Gefühle zeigen.“	„Ich muss alles alleine schaffen.“	„Ich muss immer perfekt sein.“	

2. Nun überlege: Welche Situationen oder Worte fallen dir aus der Kindheit oder Vergangenheit ein, die ausschlaggebend dafür waren, dass du diese falschen Glaubenssätze gebildet hast? Notiere sie hier:

♥ ....

♥ ....

♥ ....

♥ ....

♥ ....

♥ ....

3. Hinterfrage sie, ob sie wirklich wahr sind! Nimm dir Glaubenssatz für Glaubenssatz vor:

    ♥ Welche Situationen aus den letzten Tagen/ Wochen fallen dir ein, die diese Glaubensätze bestätigen? Bestätigen sie diese wirklich? Oder denkst du das nur?
    ♥ Frage eine Freundin dazu oder auch fremde Personen.
    ♥ Und wenn du eher das Gefühl hast, der Glaubenssatz ist eigentlich Blödsinn, dann ersetzen ihn durch einen positiven Glaubenssatz, indem du ihn ins Gegenteil umformulierst. So wird zum Beispiel aus dem

negativen Glaubenssatz: „Ich bin hässlich.“ Ein positiver Glaubenssatz: „Ich bin schön!“ Anfänglich wird dir das komisch vorkommen. Aber umso wichtiger ist es.

Positive Glaubenssätze darfst du gerne als Affirmation in dein Leben integrieren. Negative Glaubenssätze zu entlarven und sie in positive umzuwandeln, ist ein wichtiger Akt der Selbstliebe. Weitere positive Affirmationen können sein:

“Ich darf Neues ausprobieren!”

“Ich darf alles so annehmen, wie es kommt.”

“Ich wachse an neuen Herausforderungen.”

“Ich darf Leichtigkeit spüren.”

Morgen an Tag 12 wirst du noch weitere Beispiele erfahren.

Dani fällt Rene um den Hals. „Ich habe also eine gute Stimme?“, fragt sie ihn unsicher. „Definitiv!“, entgegnet dieser. „Jedenfalls absolut nach meinem Geschmack. Lass mich deinen Gesang doch mal aufnehmen und du bildest dir selbst ein Urteil!“ Gesagt, getan. Dani ist sehr überrascht, als sie die Aufnahme hört. Sie kann gar nicht glauben, dass es wirklich sie ist, die da singt. Schüchtern flüstert sie: „Ich finde auch, ich habe eine gute Stimme.“ Rene lacht: „Das kannst du ruhig laut sagen!“

4. Blitz-Transfer in den Alltag:

Sind dir ein oder zwei Glaubenssätze bewusst geworden? Dann schaue im Alltag nun genau hin: Wenn du wütend wirst oder in die Vermeidung gehst, könnten diese oder weitere Glaubenssätze dahinterstecken? Wenn ja, dann schaue dir jeden einzelnen Glaubenssatz an und überprüfe, ob er stimmt!

5. Selbstliebe-Tagebuch

Tag 11, Datum:

So fühle ich mich am Abend des heutigen Tages:

- ○ fabelhaft!
- ○ gut
- ○ müde, aber glücklich
- ○ bewölkt
- ○ fix und fertig

Die heutigen Übungen haben mich wie folgt positiv beeinflusst
(1= gar nicht; 10 = absolut):

1	2	3	4	5	6	7	8	9	10

Das habe ich heute (über mich) gelernt:

Das möchte ich ab sofort in meinem Alltag verändern / in den Alltag integrieren:

Ich liebe mich heute besonders dafür/Das habe ich heute besonders gut hinbekommen:

Damit habe ich mir heute aktiv gutgetan:

Diese Freude möchte ich mir morgen machen:

Sonstige Notizen/To-dos:

Tag 12 | Die „Positiv Denken"-Notfallkiste
(Sophie)

0. Wiederholung:

- Übe nach deinem „Ich liebe meinen Körper"-Plan. Was steht heute an?
- Schaue dir den Blitztransfer von gestern noch mal an. Sind dir schon Situationen aufgefallen, in denen du dich von negativen Glaubenssätzen hast leiten lassen?

1. Kurze Einführung in das Thema des Tages

Positives Denken zielt auf dein bewusstes Denken ab. Durch das gezielte Herbeiführen positiver Gedanken (z.B. durch Affirmationen und Visualisierungen) soll eine optimistische Grundhaltung erreicht werden. Somit sollen die negativen Aspekte deines Mindsets ins Positive verändert werden. Dein Mindset

- wird aus Erfahrungen geformt, die sich u.a. in negative Glaubenssätze im Unterbewusstsein festsetzen.
- bestimmt, wie du dich selbst wahrnimmst.
- bestimmt, wie du die Umwelt wahrnimmst.
- bestimmt dein Handeln.
- Und wichtig: Es kann sich entwickeln / verändern!

In diesem Kurs verwandeln wir dein Mindset in Bezug auf Selbstliebe. Du hast bereits hart an einer Veränderung gearbeitet. Du hast gelernt:

- deinen Körper positiver wahrzunehmen und ihm dankbar zu sein.
- deinem Körper mit achtsamer Pflege, Körperübungen und bewusster Nahrungsaufnahme gut zu tun.

- durch Atemübungen deinen Stresspegel zu reduzieren.
- du hast Glaubenssätze hinterfragt und begonnen, sie positiv zu formulieren.
- deiner Werte bewusst zu werden.
- deine Bedürfnisse zu kennen und sie (selbst) zu erfüllen.
- auf deine Energiesäulen zu achten und fehlende wieder aufzubauen sowie
- Energiefresser zu identifizieren und wenn möglich zu entschärfen.

Vielleicht hast du es nicht so deutlich gemerkt, aber das alles waren Aktionen in Richtung positives Denken! Dein Mindset ist nun auf ‚Selbstliebe' eingestellt.

Heute möchte ich den Fokus darauflegen, dich anzuleiten, eine Liste mit positiven Dingen und Affirmationen anzufertigen. Sozusagen eine „Positiv Denken-Notfallkiste", auf die du zugreifen kannst, wenn negative Gedanken überhandnehmen. Denn natürlich hat und wird es immer wieder Tage geben, wo wir emotional schwanken. Tage, an denen es uns schwerfällt uns selbst zu lieben. An denen wir wieder in alte Muster zurückfallen und uns plötzlich negative Gedanken überschwemmen. Bemerken möchte ich noch, dass negative Gedanken nicht durchweg schlecht zu bewerten sind. Auch sie haben ihre Berechtigung, da sie uns zur Vorsicht mahnen und somit vor negativen Konsequenzen schützen können. Zudem sollte man sich nicht alles „Schönreden" und sich eine unrealistische Scheinwelt aufbauen. Mir geht es in diesem Abschnitt lediglich darum, ein positives Grundgefühl zu vermitteln, sowie den Glauben an sich selbst und das Loslassen von negativen Gedanken, die dich blockieren und in eine pessimistische Grundhaltung bringen. Diese Negativität hat nichts mit einer Schutzfunktion zu tun, die uns aktuelle Entscheidungen gut abwägen lässt, sondern mit einer Angst oder negativen Konditionierungen, deren Ursprünge in der Vergangenheit liegen und uns davon abhalten, in unsere wahre Größe zu kommen.

2. Beispiel „Sophie“

Sophie

Sophie geht es einfach fabelhaft! Sie hat in den letzten Monaten so sehr an sich gearbeitet, um von ihrem negativen und angstbesetzten Denken der Welt und sich selbst gegenüber wegzukommen. Praktische Übungen und gezielte Selbstreflexion waren ein hartes Stück Arbeit für sie. Sie kämpfte sehr mit sich und wollte zwischendurch mehrmals abbrechen. Doch sie hat es geschafft! Der Schmetterling ist aus der Puppe geschlüpft. Auch ihr Umfeld hat sich seitdem geändert. Denn sie achtet nun darauf, wen und was sie in ihr Leben lässt.

Doch es gibt Tage, an denen sie getriggert und unbewusst reagiert. Erst letztens, als sie einem Ex-Freund beim Einkaufen begegnete und er sie mit „Mopsi“ begrüßte, fühlte sie sich wieder dick, hässlich und nichts wert. Sie beschimpfte sich innerlich, wie sie nur so arrogant gewesen sein konnte, sich selbst schön zu finden. Eigentlich sah sie doch aus wie eine fette Sau und niemand würde sie stets von Herzen lieben. Sie weinte sich drei Tage die Augen aus dem Kopf. Dann erinnerte sie sich an die „Positiv Denken-Notfallkiste“, die sie vor einiger Zeit in einem Coaching angefertigt hatte. Sie kramte im Schrank und fand die Schachtel. Darin lagen selbst gemachte Selbstliebe-Aktions-Karten und Affirmations-Karten. Sie schmunzelte, mischte die Karten durch und zog eine. Es war eine Affirmationskarte und auf ihr stand:

„Ich entscheide über meinen Selbstwert und wie ich mich fühle.“

Sophie standen die Tränen in den Augen. Genau, sagte sie sich leise und wiederholte den Satz ein paar Mal. Auch wenn sie der Kommentar ihres Ex-Freundes verletzt hatte, so musste sie sich jedoch nicht dieser Verletzung hingeben. Sie entschied selbst, was sie mit dieser Äußerung ihres Ex-Freundes machen wollte. Und sie entschied: Ich möchte mich gut fühlen! Ich entscheide mich dafür, mich selbst mit Liebe zu betrachten und mich mit mir und in meinem Körper gut zu fühlen. Ich mache mir bewusst, dass ich etwas abgenommen habe und nun ein Gewicht habe, mit dem ich mich durchaus sehr wohl fühle. Sie zog noch eine Affirmations-Karte. Auf dieser stand:

„Ich liebe und schätze mich für all das, was mich ausmacht."

Sophie atmete erleichtert auf. Sie spürte, wie es in ihrem Herzen wieder warm wurde. Sie las den Satz noch zweimal laut vor. Es war befreiend! Alle guten Dinge sind drei, lachte sie und zog noch eine Karte aus dem Stapel. Diesmal war es eine Aktionskarte mit folgender Anweisung:

„Gehe mit einer Freundin ins Kino."

Mit einer Freundin ins Kino zu gehen, machte Sophie immer große Freude. Nach der Vorstellung setzte sie sich für gewöhnlich mit der Freundin in ein Café, um sich über den Film auszutauschen. Schöne Erinnerungen kamen in Sophie hoch. Das hatte sie lange nicht mehr getan. Kurzerhand rief sie eine Freundin an, um sich für abends zu verabreden. Als sie auflegte, las sie die beiden Affirmationskarten noch einige Male in tiefem Vertrauen durch. Es tat zwar noch etwas weh, doch wenn die negativen Glaubenssätze hochkamen, las sie sich schnell die Affirmationskarten durch. So schaffte Sophie es, sich nicht im negativen Grübeln zu verlieren und konnte mit positiver Energie zuversichtlich in die Zukunft und liebevoller auf sich selbst blicken.

✓ 3. Übung zum Thema des Tages

Kreiere eine „Positiv Denken" – Notfallkiste:

1. Suche/ kaufe dir eine Papp-Kiste, die ca. so groß wie ein kleiner Schuhkarton ist. Du kannst die Kiste auch anmalen, bekleben etc. So bekommt sie eine noch persönlichere Note.
2. Entwirf mindestens zehn „Affirmationskarten" und zehn „Selbstliebe-Aktionskarten". Nach und nach kannst du die Karten auch noch ergänzen. Immer dann, wenn dir was einfällt. Du kannst dir bunte Karteikarten kaufen oder ein Blatt Papier

zerschneiden. Auf die eine Seite schreibst du „Selbstliebe-Aktionskarte“ oder Affirmationskarte“ und auf die andere Seite die jeweilige Aktion oder Affirmation, die du dir ausgesucht hast. Lege die Karten in die Schachtel.

3. Bestücke die Schachtel mit kleinen Gegenständen, die dir beim Anschauen, Fühlen, Riechen Freude bereiten.

Wenn du Affirmationen und Aktionen aufschreibst, denke daran, was du bisher gelernt hast und hole dir daraus Inspiration für die Sätze.

Wichtig ist, dass du die Affirmation in der *Ich-Form* und *Gegenwart* sowie *positiv formulierst*.

Beispiele für Affirmationen:

Ich achte mich und sorge für meine Gesundheit.
In mir ist Liebe und Frieden.
Ich entscheide mich, glücklich zu sein.
Ich genüge, so wie ich bin.
Ich bin Herausforderungen gewachsen.
Ich bin stark und mutig.
Ich bin meinem Körper sehr dankbar.
Ich vertraue meinen Selbstheilungskräften.
Ich verdiene Zufriedenheit.
Stück für Stück erreiche ich meine Ziele.
Ich bin mutig.
Ich bin liebenswert.
Ich genüge.
Ich vertraue auf meine Fähigkeiten.
Ich bin es wert, ein glückliches Leben zu haben.
Ich übernehme Verantwortung für mich selbst.

Wichtige Anmerkung: Wähle nur Affirmationen aus, die sich für dich stimmig anfühlen. Mache dir keinen Druck, wenn du sie nicht direkt verinnerlichst und sofort perfekt lebst. Wäre es schon so, bräuchtest du sie nicht.

Beispiele für Selbstliebe-Aktionen:

Meinen Lieblingstee zubereiten und trinken.
Mich ein wenig in die Sonne setzen.
Ein kleiner Spaziergang im Garten/ der Natur.
Achtsames Haarekämmen.
Kleines Yoga-Workout.
Ein schönes Buch (ein Stück weiter) lesen.
Tiefe Bauchatmung ausführen.
Liebevolles Eincremen.
Ein Entspannungsbad nehmen, z.B. mit Melisse.
Mit Freunden Grillen.
Zum Friseur gehen.
Ein buntes Bild malen.
Durch die Wohnung/ Haus tanzen.
Laut singen – egal wie schief.
Über den Trödelmarkt bummeln.
Mich massieren lassen.

4. Blitz-Transfer in den Alltag

Du hast etwas erlebt, was dich wütend oder traurig macht und du wieder in alte Verhaltensmuster und negative Gedanken verfallen lässt? Dann schnapp dir deine „Positiv Denken - Notfallkiste"! Ziehe mindestens eine Affirmations- und eine Aktionskarte und lese/ mache, was darauf steht. Du wirst sehen, dass dir die kleinen Affirmationen und Selbstliebe-Aktionen sehr guttun werden.

Möchtest du die Botschaften der Affirmationen richtig und dauerhaft verinnerlichen, solltest du dir ein oder zwei auswählen und dir diese mehrmals am Tag für mehrere Wochen laut oder in Gedanken aufsagen. Du kannst dir auch kleine Zettel mit den Affirmationen schreiben und dir beispielsweise an den Badezimmerspiegel heften. Nimm eine oder zwei Affirmationen in deinen Selbstliebe-Wochenplan auf.

5. Selbstliebe-Tagebuch

Tag 12, Datum:

So fühle ich mich am Abend des heutigen Tages:

- fabelhaft!
- gut
- müde, aber glücklich
- bewölkt
- fix und fertig

Die heutigen Übungen haben mich wie folgt positiv beeinflusst
(1= gar nicht; 10 = absolut):

1	2	3	4	5	6	7	8	9	10

Das habe ich heute (über mich) gelernt:

Das möchte ich ab sofort in meinem Alltag verändern / in den Alltag integrieren:

Ich liebe mich heute besonders dafür/Das habe ich heute besonders gut hinbekommen:

Damit habe ich mir heute aktiv gutgetan:

Diese Freude möchte ich mir morgen machen:

Sonstige Notizen/To-dos:

Tag 13 | Schreibe dir einen „Mut-Mach"-Brief (Nadja)

0. Wiederholung

- Übe nach deinem „Ich liebe meinen Körper"-Plan. Was steht heute an?
- Schaue dir deine „Positiv Denken"-Notfallkiste an, öffne sie und ziehe eine Karte.

1. Kurze Einführung in das Thema des Tages:

Das Leben kann sehr hart und ungerecht sein. Obwohl wir unser Bestes geben, bleibt der ‚Erfolg' manchmal einfach aus. Da hilft nur das, was ich „liebevolle Kommunikation mit sich selbst" nenne, um den Geist wieder positiv zu stimmen.

Liebevolle Kommunikation mit sich selbst ist weitaus mehr als das Aufsagen von Affirmationen. Es geht darum, dir selbst eine Freundin zu sein. Dir selbst empathisch zuzuhören, wenn du traurig oder frustriert bist. Dich nicht abzuwerten oder negative Glaubenssätze zu bestätigen. Sondern mit dir selbst in ein tröstendes Zwiegespräch zu gehen und Verständnis für dich zu haben. Frage dich: Welchen Sinn hat das Erlebnis? Was kann ich daraus lernen? Sprich dir Mut zu, dass du eine Lösung finden und ähnliche Situationen zukünftig anders handhaben kannst.

2. Beispiel „Nadja"

Nadja

Nadja arbeitet in einer Werbeagentur. Heute steht eine Präsentation für eine Werbekampagne an. Der Kunde ist sehr wichtig für die Agentur. Nadja hat seit zwei Wochen an der Präsentation gearbeitet. Sie hat den Konferenzraum vorbereitet, Kaffee und Plätzchen bereitgestellt und sich für den Anlass ein Kostüm angezogen. Alles muss stimmen. Ihr Chef würde ebenfalls an dem Meeting teilnehmen. Eine Stunde später hielt sie ihre Präsentation. Alles war gelaufen, wie geplant. Doch der Kunde entschied sich am Ende für das Konzept einer anderen Agentur. Das war sehr bitter für Nadja. Ihr Chef zeigte ihr die kalte Schulter. Sie hörte die Stimme ihres Vaters im Kopf: „Nadja, du musst dich mehr anstrengen!" Normalerweise hätte sie sich wie eine Versagerin gefühlt. Doch sie erinnerte sich an ein Gespräch, das sie mit ihrem Freund in einer ähnlichen Situation führte. Er sagte damals zu ihr: „Sei nicht so hart mit dir selbst! Wenn du nicht nett mit dir umgehst, wer dann?"

Also, was würde ihr Freund wohl zu dieser Situation sagen? Er hätte sicher ein paar tröstende Worte. Könnte sie das nicht selbst für sich tun? Sie schrieb auf einen Zettel die Überschrift „Tröstende Worte für mich". Darunter verfasste sie einen kleinen Brief:

„Liebe Nadja,

du darfst sehr stolz auf dich sein. Du hast dich sehr angestrengt und dein Bestes gegeben. Trotzdem läuft im Leben nicht alles so, wie wir uns das vorstellen und gerne hätten. Und das ist gar nicht schlimm. Es tut mir sehr leid für dich, dass du heute keinen Erfolg hattest. Aber sei dankbar für die Chance, die du hattest und nutze sie, um daraus zu lernen. Frage deinen Chef, was du hättest besser machen können. Mache dir bewusst: Das Leben ist ein Lernprozess. Und genau das ist das Spannende daran. Kein Grund, den Kopf in den Sand zu stecken. Überlege dir lieber, welche Freude du dir heute für deine Bemühungen machen kannst. Was würde dich aufmuntern?"

✔ 3. Übung zum Thema des Tages

Denke an ein Ereignis oder eine Situation, in der du dich als Versagerin gefühlt hast. Wo war es? Wer war dabei? Was war genau passiert? Und nun verfasse einen ähnlichen Brief, wie Nadja in dem Beispiel.

„Tröstende Worte an mich selbst – ein Mut-Mach-Brief"

Liebe ...

4. Blitz-Transfer in den Alltag

Sei dir stets selbst eine gute Freundin. Nimm dich gedanklich in den Arm, wenn etwas nicht so gelaufen ist, wie du es dir gewünscht hättest. Bedanke dich zunächst bei dir für dein Bemühen. Dann überlege dir kurz, erstens welchen Sinn das Erlebnis haben könnte. Und zweites was du daraus lernen konntest. Drittens sei dankbar für das Erlebnis und freue dich auf die nächste Chance, es besser zu machen. Manchmal gibt es aber auch gar kein „besser". Der Kunde in dem Beispiel von Nadja hatte vielleicht einfach einen anderen Geschmack. Oder es war einfach eine schicksalhafte Prüfung für Nadja und sie hatte Misserfolg, um daraus zu lernen, sich trotzdem zu lieben und ihre Selbstliebe nicht abhängig von Erfolg zu machen. Alles ist letztlich gut so, wie es ist.

5. Selbstliebe-Tagebuch

Tag 13, Datum:

So fühle ich mich am Abend des heutigen Tages:

- ○ fabelhaft!
- ○ gut
- ○ müde, aber glücklich
- ○ bewölkt
- ○ fix und fertig

Die heutigen Übungen haben mich wie folgt positiv beeinflusst
(1= gar nicht; 10 = absolut):

1	**2**	**3**	**4**	**5**	**6**	**7**	**8**	**9**	**10**

Das habe ich heute (über mich) gelernt:

Das möchte ich ab sofort in meinem Alltag verändern / in den Alltag integrieren:

Ich liebe mich heute besonders dafür/Das habe ich heute besonders gut hinbekommen:

Damit habe ich mir heute aktiv gutgetan:

Diese Freude möchte ich mir morgen machen:

Sonstige Notizen/To-dos:

Tag 14 | Nichts persönlich nehmen und innehalten bei negativen Gefühlen (Marina)

0. Wiederholung

- Übe nach deinem Selbstliebe-Plan. Was steht heute an?
- Lies dir den „Mut-Mach"-Brief von gestern noch mal durch!

1. Kurze Einführung ins Thema des Tages

Der Alltag bietet unzählige Möglichkeiten, sich aufzuregen: Stau, jemand drängelt sich an der Kasse vor oder ein Kollege macht eine zweideutige Bemerkung. Selbstverständlich darfst du dich so oft aufregen, wie du möchtest. Manchmal kann das wirklich ein Ventil für aufgestaute negative Energie sein. Dann bringt es Erleichterung, sich über den Autofahrer vor dir aufzuregen, weil er zu langsam fährt. Solange er das nicht wirklich mitbekommt und es ihn also nicht verletzt, ist das keine schlechte Sache. Macht dir ein Anlass jedoch ernsthaft länger anhaltende schlechte Laune, dann sage dir: „Stopp!"

2. Beispiel „Marina"

Marina

Krankenschwester Marina arbeitet auf einer chirurgischen Station. Es ist an diesem Tag wieder sehr viel zu tun und sie sind zu zweit für über 60 Patienten zuständig. Ein Patient drückt jede halbe Stunde auf den Schwesternruf. Immer für Kleinigkeiten. Marina wird immer wütender. „Der denkt wohl, wir haben Langeweile!", ruft sie ihrer Kollegin zu, als der Patient Schmidt schon zum sechsten Mal an diesem Vormittag nach der Schwester klingelt.

Diesmal würde sie mit ihm ein ernstes Wörtchen reden, nimmt sie sich vor, als sie schnellen Schrittes auf das Patientenzimmer zugeht. Als sie sich nähert, hört sie den alten Mann jedoch durch die offene Tür mit seinem Sohn telefonieren. Herr Schmidt sagt traurig: „Aber ich fühle mich hier einsam. Kannst du mich bitte heute besuchen? (Kurze Pause) Ja, die Schwestern kümmern sich gut um mich, aber ich habe Heimweh. (Erneut eine kurze Pause) Verstehe“, sagte Herr Schmidt und legt auf. Marina muss schlucken. Sie hatte es persönlich genommen, dass Herr Schmidt so oft nach ihr klingelte. Sie dachte, er wolle sie ärgern, dabei fühlt er sich einfach nur alleine und braucht etwas Aufmerksamkeit. Letztlich können weder die Patienten noch sie selbst etwas für den Zeitdruck. Sie betritt das Patientenzimmer und fragt Herrn Schmidt freundlich: „Was kann ich für Sie tun, Herr Schmidt?“ „Wären Sie so freundlich und würden das Fenster etwas öffnen?“ „Gerne. Heute Nachmittag läuft im Fernsehen ein schöner Heimatfilm mit Johannes Hesters. Möchten Sie, dass ich Ihnen den Fernseher anstelle?“ „Ja, das wäre wunderbar“, nickt Herr Schmidt freudig. „Und später komme ich zu Ihnen und bringe Ihnen eine Tasse Kaffee.“ „Leisten Sie mir dann auch etwas Gesellschaft?“, fragte Herr Schmidt hoffnungsvoll. „Leider haben wir heute sehr viel zu tun. Ich kann mir schon vorstellen, dass es für Sie langweilig ist, ganz alleine? Ich schaue zwischendurch immer mal kurz bei Ihnen rein, wenn ich an Ihrer Tür vorbeikomme oder winke beim Vorbeilaufen.“, versucht Marina ihn aufzumuntern. „Oh ja, Schwester Marina, das würde mich freuen“, lächelt Herr Schmidt.

3. Übung zum Thema des Tages

Innehalten bei negativen Gefühlen

Denke an eine Situation, die dich sehr wütend gemacht hat. Hole dir diese Situation noch mal richtig in Erinnerung. Spürst du die Wut wieder in dir aufkommen? Wundervoll!

Kommt ein Gefühl von Wut, so halte inne. – Stopp! Bleibe stehen. Reagiere nicht. Tu einen Moment gar nichts. Atme tief durch! Spüre in dich hinein. Begrüße die Wut: „Hallo Wut, schön, dass du da bist.“. Nimm sie an. Höre zu, was sie dir sagen möchte. Aber identifiziere dich nicht mit ihr! Du spürst Wut – ok. Aber du bist nicht Wut. Du spürst Wut. Mehr nicht. Halte inne und beobachte, wie sich die Wut in deinen Gedanken und in deinem Körper zeigt. Beobachte und nimm wahr. Mehr nicht. Und dann entscheide, wie du handeln möchtest. Möchtest du wütend handeln? Schreien, schimpfen, toben? Überlege es dir. Es liegt in deiner Macht, was du tun möchtest. Nimm das Gefühl der Wut an. Ja, da ist sie! In ihrer ganzen Pracht! Du kannst sie in jeder Zelle deines Körpers spüren. Aber stopp! Halte inne. Frage dich:

Muss ich das, was die Wut ausgelöst hat, persönlich nehmen? Hat die Aktion von xyz wirklich etwas mit mir zu tun? Sagt die Aktion von xyz wirklich etwas über mich aus? Oder eher über xyz? Möchte ich die Aktion von xyz wirklich so nah an mich heranlassen und es zu meinem Thema machen? Niemand zwingt mich dazu, Ereignisse, das Verhalten oder die Worte anderer persönlich zu nehmen. Also, für was entscheidest du dich? Was wirst du tun? Und wie wirst du es tun? Wird deine Reaktion dir schaden? Oder wirst du liebevoll und achtsam mit dir selbst und anderen umgehen?

Natürlich ist es leichter, Dinge nicht persönlich zu nehmen, die von fremden Personen kommen. Je näher dir jemand steht und je wichtiger dir jemand ist, desto schwieriger wird es, mit Abstand die Situation und die eigenen Gefühle zu betrachten. Denn oft wird ein Anliegen sehr persönlich oder vorwurfsvoll in DU-Botschaften formuliert. Doch es gilt das Gleiche: Es liegt an dir, wie du damit umgehst. Halte inne und beobachte erst einmal und folge der Übung. Manchmal mag es jedoch sein, dass wirklich ein Thema in dir selbst getriggert wird, so wie an Tag 11 bezüglich negativer Glaubenssätze besprochen. Schau dir also gut an, woher deine Wut oder Traurigkeit kommt. An Tag 26 werden wir dieses Thema auch noch mal aufgreifen. Dort lernst du eine Strategie, die dir bewusst macht, ob der Konflikt doch aufgrund deines Themas entstanden ist, weil zum Beispiel negative Glaubenssätze getriggert wurden.

4. Blitz-Transfer in den Alltag

Wenn etwas passiert, was dich wütend macht, halte inne. Nimm die Wut an und überprüfe sie. Was möchte sie dir genau sagen? Und dann entscheide, wie du reagieren möchtest. Was du tun möchtest. Wenn du andere mit Empathie begegnest, wirst du vielleicht verstehen, dass ihr Handeln einen Grund hat, mit dem du selbst vielleicht gar nichts zu tun hast. Oder frage dich, ob es beispielsweise eine berechtigte Kritik ist und du etwas verändern kannst und möchtest. Vielleicht bist du auch wütend auf dich selbst oder die Umstände oder ein negativer Glaubenssatz wurde getriggert. Kannst du etwas ändern? Danke deiner Wut, denn sie hat dir gezeigt, dass sich etwas unstimmig anfühlt. Analysiere die Situation liebevoll und dann entscheide, wie du reagieren möchtest.

5. Selbstliebe-Tagebuch

Tag 14, Datum:

So fühle ich mich am Abend des heutigen Tages:

- ○ fabelhaft!
- ○ gut
- ○ müde, aber glücklich
- ○ bewölkt
- ○ fix und fertig

Die heutigen Übungen haben mich wie folgt positiv beeinflusst
(1= gar nicht; 10 = absolut):

1	**2**	**3**	**4**	**5**	**6**	**7**	**8**	**9**	**10**

Das habe ich heute (über mich) gelernt:

Das möchte ich ab sofort in meinem Alltag verändern / in den Alltag integrieren:

Ich liebe mich heute besonders dafür/Das habe ich heute besonders gut hinbekommen:

Damit habe ich mir heute aktiv gutgetan:

Diese Freude möchte ich mir morgen machen:

Sonstige Notizen/To-dos:

Tag 15 | Tanke Kraft in der Natur und bringe den Geist zur Ruhe, Gehmeditation (Linda)

0. Wiederholung

- Übe nach deinem „Ich liebe meinen Körper"-Wochenplan. Was steht heute an?
- Lasse dir den Blitz-Transfer von gestern noch einmal durch den Kopf gehen. Hattest du schon Gelegenheit, innezuhalten?

1. Kurze Einführung in das heutige Thema

Heute, am Ende der bereits 3. Woche deines Selbstliebe-Kurses, möchte ich, dass du in die Natur gehst und deinen Geist zur Ruhe bringst. Du hast wirklich gut an dir gearbeitet und nun gönne dir eine Auszeit. Bade in den Energien der Natur. Stimme dich in die Natur ein und bringe deinen Geist zur Ruhe. Gönne dir einen gedanklichen Kurzurlaub im satten Grün, am Meer oder in einer klaren Winterlandschaft. Dort in der Natur, kannst du Einheit, Stille und Frieden spüren. Du kannst dich mit der Natur und einer universellen Kraft verbinden. Wir machen heute eine Gehmeditation. Du wirst dich und die Natur mit allen Sinnen wahrnehmen. Dies stoppt das Grübeln und reguliert den Stresshaushalt: Der Blutdruck sinkt, Körper und Geist fahren runter. Denn das Gehirn kann nicht gleichzeitig wahrnehmen und denken. Deshalb wirst du dich nach einer Gehmediation in der Natur kraftgeladen und doch entspannt fühlen – irgendwie angekommen. Gehmeditationen werden schon seit Jahrhunderten praktiziert. Und sind besonders geeignet, wenn es einem schwerfällt, den Geist stillsitzend zur Ruhe zu bringen. Bewege dich, nimm die Energie der Natur wahr und verbinde dich im Hier und Jetzt.

2. Beispiel „Linda“

Linda

Linda wacht auf. Es ist Sonntagfrüh und die Sonne scheint in ihr Zimmer. Heute fühlt sie eine innere Unruhe. Sie weiß nicht, woher es genau kommt. Es passiert gerade so viel in ihrem Leben und in der Welt da draußen. „Verrückte Zeiten“, denkt sie sich. Sie grübelt. Gedankenschleifen kreisen in ihrem Kopf. Diffuse Ängste stiegen in ihr auf. Sie fühlt sich ein wenig verloren und orientierungslos. Am liebsten würde sie einfach die Bettdecke über den Kopf ziehen und nie mehr darunter hervorkommen. Sie seufzt laut. Denn es ist ihr bewusst: Das ist auch keine Lösung. Zu lange im Bett liegen, macht das Grübeln oft noch schlimmer. Doch was kann sie jetzt für sich tun, damit sie aus dem Stimmungstief herauskommt und Kraft sammelt? Ihr kommt eine Fortbildung zum Thema Resilienz in den Sinn, die vor einiger Zeit auf der Arbeit angeboten wurde. Dort haben sie zusammen herausgearbeitet, was es für Möglichkeiten gibt, sich innerlich wieder stärker zu fühlen. Eine Übung fällt ihr ein, die ihr besonders gutgetan hatte: die Gehmeditation. Diese kann in einem Raum stattfinden oder aber draußen. Direkt in der Natur ist die Übung einiges wirkungsvoller, weil man die Energien der Natur unmittelbar spürt und frische Luft einatmet. Ob im Wald, auf einem Feld, am Strand oder Bachlauf. Linda steht auf, wäscht sich und zieht sich warm an. Es ist ein kühler Frühlingsmorgen. Linda beschließt an ihre Lieblingslichtung an einem nahegelegenen Wald zu fahren. Dort angekommen geht sie ein paar Schritte in den Wald hinein. Ihr kommen die Worte der Fortbildungsleitung in den Sinn:

3. Übung zum Thema des Tages

Gehmeditation

„Bleibe stehen. Schließe die Augen und komme bei dir an. Lege deine Hände auf die Bauchdecke in Höhe des Bauchnabels. Atme tief die frische Luft in den Bauch hinein, deine Bauchdecke hebt sich und schiebt die Hände etwas weg, und tief wieder aus, deine Bauchdecke senkt sich, die Hände liegen weiter entspannt auf ihr. Wiederhole diese Bauchatmung noch zweimal ganz bewusst. Deine Konzentration liegt auf dem Atem und den Händen, die von der Bauchdecke weggeschoben werden. Dann spüre nach. Lasse die Hände auf der Bauchdecke liegen. Öffne die Augen und blicke so ein bis zwei Meter vor dir auf den Boden. Konzentriere dich nicht auf das, was du siehst. Sondern lenke deine Achtsamkeit in deinen rechten Fuß. Hebe den Fuß einatmend langsam vom Boden ab und setze deine Fußsohle dann ausatmend ebenso langsam wieder eine Schrittbreite vor dir auf dem Boden ab. Konzentriere dich darauf, wie die Fußsohle sich zunächst vom Boden löst und dann wieder eine Berührung mit dem Boden eingeht. Spüre den Druck, der auf deiner Fußsohle lastet, wenn du dein Gewicht auf den rechten Fuß verlagerst. Atme tief ein und hebe nun deinen linken Fuß. Ausatmend platzierst du diesen auch eine Schrittweite von dir entfernt langsam auf den Boden, indem die Fußsohle beginnend von der Ferse an, Zentimeter für Zentimeter abrollt. Gehe so noch 3 Schritte und dann bleibe stehen, schließe die Augen und spüre nach. Spüre, wie du ganz bei dir ankommst. Sage dir: „Ich bin im Hier und Jetzt. Dann setze die Gehmeditation für einige Minuten wie beschrieben fort, langsam, mit bewussten Schritten. Lenke die Konzentration immer wieder in den Fuß, den du gerade bewegst. Dann bleibe wieder stehen, schließe die Augen und spüre wieder nach. Spüre, wie du ganz bei dir ankommst. Sage dir: „Ich bin im Hier und Jetzt. Ich bin ganz bei mir.“ Nun verbinde dich noch mehr auf Herzebene mit der Natur. Fühle ihre Energie und wie diese dich umschließt. Fühle die Verbundenheit, den Frieden. Verschmilz mit der Energie der Natur und des Universums. Ihr seid eins. Lenke deine Aufmerksamkeit nun nach Außen – auf die Natur um dich herum. Und nimm mit allen Sinnen wahr: Wie riecht die Luft? Spürst du Sonne oder Regen auf der Haut? Fühlst du eine Brise oder starken Wind? Was hörst du? Rascheln die Bäume oder machen Tiere Geräusche? Lausche eine Weile den Geräuschen oder der Stille. Dann gehe weiter und berühre: Wie fühlen sich die Pflanzen an? Gehe zu einem Baum oder einer Blume und ertaste sie achtsam. Nimm die Berührung ganz genau wahr: Warm oder kalt? Rau oder weich? Nimm wahr, was du spürst. Gehe weiter den Weg entlang oder direkt durch den Wald, den Sand, das schneebedeckte Feld. Du kannst die Schuhe auch für eine Weile ausziehen und wahrnehmen, wie sich der Boden unter deinen Füßen genau anfühlt. Erlaube dir, alles, wie ein neugieriges Kind zu erkunden. Aber tue dies achtsam, nacheinander mit allen Sinnen. Bleibe zwischendurch immer wieder mal stehen, schließe die Augen und spüre die Energie, die dich umgibt. Verbinde dich mit dieser Energie. Sie spendet dir Kraft und lässt Urvertrauen in dir wachsen. Lasse dich von den Flügeln der Natur umfangen und dir Geborgenheit schenken. Spüre tiefen Frieden.

4. Blitz-Transfer in den Alltag:

Wenn du keine Zeit hast, um die eine längere Auszeit in der Natur zu gönnen, so nutze Wege, die du sowieso machen musst, für eine Gehmeditation: vielleicht der Weg zum Einkaufen, das Gassigehen mit dem Hund, das Bringen oder Abholen der Kinder vom Kindergarten oder Schule. Plane dir für den Weg vielleicht einfach zehn Minuten mehr Zeit ein, damit du nicht unter Stress gerätst. Überall findet sich ein Stückchen Grün, eine Blume, ein Busch oder Baum, den du in die Gehmeditation miteinbeziehen kannst. Oder du hältst einfach mit dem Auto irgendwo an – am Waldrand oder einem Feld und führst dort eine Gehmeditation aus.

Und wenn du mehr Zeit hast, probierst du mitten in der Natur, möglichst abgeschieden von anderen Menschen oder Störquellen, eine längere Gehmeditation aus. Und nimm wahr, was sich in dir verändert. Plane bestenfalls in deinen Wochenplan eine Gehmeditation mit ein.

5. Selbstliebe-Tagebuch

Tag 15, Datum:

So fühle ich mich am Abend des heutigen Tages:

- ○ fabelhaft!
- ○ gut
- ○ müde, aber glücklich
- ○ bewölkt
- ○ fix und fertig

Die heutigen Übungen haben mich wie folgt positiv beeinflusst (1= gar nicht; 10 = absolut):

1	2	3	4	5	6	7	8	9	10

Das habe ich heute (über mich) gelernt:

Das möchte ich ab sofort in meinem Alltag verändern / in den Alltag integrieren:

Ich liebe mich heute besonders dafür/Das habe ich heute besonders gut hinbekommen:

Damit habe ich mir heute aktiv gutgetan:

Diese Freude möchte ich mir morgen machen:

Sonstige Notizen/To-dos:

REFLEXION WOCHE 3

Gestalte deinen „Selbstliebe-Altar"

Wow! Der erste Teil deines Kurses „Mehr Selbstliebe in 30 Tagen" ist vorbei. Schau, mit welchen Selbstliebe-Übungen du dir in den letzten drei Wochen bereits gutgetan und an dir gearbeitet hast:

In Woche 1 hast du gelernt, deinem Körper mit folgenden Dingen gut zu tun:

- ♥ einer Körper-Dankbarkeitsaffirmation,
- ♥ einer achtsamen Körperpflege-Routine,
- ♥ einem kleinen, alltagstauglichen Yoga-Workout,
- ♥ stressabbauenden Atemübungen,
- ♥ Integration von gesunder, lebendiger Nahrung.

In Woche 2 hast du deine Seele gestreichelt, weil:

- ♥ dir deine Werte nun bewusst sind,
- ♥ du ein selbstbewusstes Standing a la „stolze Weiblichkeit" entwickelt hast,
- ♥ du deine Bedürfnisse kennst und sie dir erfüllst,
- ♥ du deine „7 Säulen des Glücks" ausbaust oder stabilisierst,
- ♥ dir deine Energiefresser bewusst sind und du mit ihnen umzugehen weißt.

3. In Woche zwei hast du deinen Geist positiv gestimmt und Energie getankt durch:

- ♥ die Entwicklung der Fähigkeit, negative Glaubenssätze zu hinterfragen und in positive Affirmationen zu wandeln,
- ♥ einer gut bestückten „Positiv Denken"-Notfallkiste,
- ♥ deinem eigenen (ersten) „Mut-Mach"-Brief,
- ♥ der Erkenntnis, dass es deine Entscheidung ist, Dinge persönlich zu nehmen und sich nicht von Gefühlen (Re) Aktionen diktieren zu lassen,
- ♥ eine Gehmeditation in der Natur.

Nun ist es an der Zeit, dir mit all den tollen Dingen, die du dir erarbeitet hast, deinen eigenen „Selbstliebe-Altar“ zu gestalten. Dieser Altar soll deine persönliche Kraftquelle sein. Zudem steht er als Symbol für den Stellenwert, den du ab sofort in deinem Leben einnimmst: Du spielst ab sofort die Hauptrolle in deinem Leben.

Dieser Altar bietet dir einen Raum, der nur für dich ist. Gestalte ihn mit all den Dingen, die dir Kraft geben und dir Freude bereiten. Mit Gegenständen, die dir Ruhe, Frieden und Geborgenheit schenken und dein Herz öffnen. Und natürlich mit den Dingen, die du dir in 15 Tagen erarbeitet und ausprobiert hast:

- dein „Ich liebe meinen Körper“- Wochenplan,
- Rosas-Yoga-Workout,
- dein „Ich liebe mein Leben“-Selbstbild, welches deine Werte und Bedürfnisse sowie deine persönlichen „7 Energiesäulen des Glücks“ widerspiegelt,
- deine „Positiv Denken“-Notfallkiste,
- dein persönlicher „Mut-Mach“-Brief.

So mag dein „Selbstliebe-Altar“ beispielsweise aussehen:

Schütze ihn als etwas Wertvolles. Niemand darf ihn ohne deine Erlaubnis berühren. Er ist nur für dich. Setze dich nun bequem vor deinen „Selbstliebe-Altar" und bewundere ihn voller Dankbarkeit. Bewundere dich voller Dankbarkeit.

Wow! Einfach fabelhaft.

Abschließend kannst du noch Folgendes tun:

1. Überprüfe, ob der „Ich liebe meinen Körper"-Wochenplan stimmig ist. Du hast ihn nun drei Wochen ausprobiert. Möchtest du etwas ändern/ergänzen/streichen?
2. Schaue dir dein gemaltes „Ich liebe mein Leben"-Selbstbild bzw. die Liste aus der Reflexion der Woche 2 noch mal an. Möchtest du daran etwas ergänzen oder abändern?

Nun bist du gut gerüstet für den zweiten Teil deiner „Mehr Selbstliebe in 30 Tagen"-Praxis. Freust du dich so sehr darauf wie ich? Ich wäre jetzt zu gerne bei dir und würde dir sehr gerne stolz auf die Schulter klopfen und dich feste drücken. Denn ich bin meeega stolz auf dich!

Ruhe dich zwei Tage aus. Dann atme tief durch und starte in den zweiten Teil des Kurses. Nun kannst du deine erlernte Selbstliebe im Alltag einsetzen. Ich versichere dir, es wird ganz und gar nicht langweilig! Im Gegenteil, du wirst sehr viele Aha-Erlebnisse haben ...

2.2. Selbstliebe im Alltag einsetzen: Reflektiere, grenze dich ab, nimm an und lasse los

In den letzten drei Wochen hast du Selbstliebe im Alltag aufgebaut:

- ♥ Du hast dich und deinen Körper besser kennen und lieben gelernt.

- Du weißt, wie du dir selbst Gutes tun kannst und setzt dies regelmäßig in deinem selbst erstellten Wochenplan in die Tat um.
- Du bist zudem selbstbewusst geworden, weil du dir selbst ... bewusst ... geworden bist: Du kennst deine Werte, deine Grenzen und deine Bedürfnisse.
- Um deine Selbstliebe regelmäßig zu zelebrieren, sitzt du regelmäßig an deinem „Selbstliebe-Altar“. Reflektierst und übst täglich weiter.

In den nächsten Wochen wirst du hautnah erfahren, wie du Selbstliebe im Alltag einsetzen kannst. Dazu schauen wir uns in Woche 4 an, wie du mit Selbstliebe Gespräche positiv führst, wie sie dir beispielsweise hilft, zu anderen Nein zu sagen, ohne dabei ein schlechtes Gewissen zu haben. In Woche 5 geht es um die positive Wirkung von Selbstliebe auf deine Partnerschaft. Hier ermuntere ich dich unter anderem dazu, auch mal Prinzessin zu sein und dir zu erlauben, schwach zu sein und genussvoll zu nehmen, anstatt zu geben. Abschließend in Woche 6 kommt die Kür! Denn du übst voller Selbstliebe schwierige Situationen mit Freunden, Eltern, Chef, Expartner und Kindern gelassen und achtsam zu meistern.

WOCHE 4:

Selbstliebe und positive Gespräche führen

Kommunikation ist der wesentliche Faktor in zwischenmenschlichen Beziehungen. Er bestimmt darüber, ob Beziehungen sich positiv gestalten oder in einer Konfliktspirale oder einer Art Teufelskreis enden, in dem sich die immer gleichen Missverständnisse und Probleme in der Kommunikation zweier Menschen wiederholen.

An Tag 16 möchte ich dir zunächst aufzeigen, wie wichtig Selbstempathie für das Führen liebevoller Gespräche ist.

An Tag 17 gehe ich darauf ein, wie es uns durch Selbstliebe gelingt, den Mut zu finden, ehrlicher mit uns selbst und anderen zu sein und somit authentisch kommunizieren zu können.

An Tag 18 lernst du konkret „ICH-Botschaften" zu formulieren, um deine Bedürfnisse und Gefühle zu kommunizieren, ohne dass andere sich provoziert fühlen.

An Tag 19 wirst du lernen, ohne schlechtes Gewissen „Nein!" zu sagen – freundlich, aber bestimmt.

An Tag 20 übst du dann im Gegensatz zum Vortag, aus vollem Herzen „Ja!" zu sagen und somit voller kindlicher Neugierde dem Leben Türen zu öffnen und es rein zu lassen.

Tag 16 | Fühle hinein! – Selbstempathie für liebevolle Gespräche (Julia)

0. Wiederholung:

- ♥ Übe nach deinem „Ich liebe meinen Körper"-Wochenplan. Was steht heute an?
- ♥ Gönne dir fünf Minuten an deinem Selbstliebe-Altar. Tue dort, was du möchtest: In stille sitzen. Etwas anschauen, lesen, anfassen, eine Kerze anzünden etc.

1. Kurze Einführung in das heutige Thema

Selbstliebe hilft dir, gut in dich hineinzufühlen und somit selbst besser wahrzunehmen, wie es dir geht und was du brauchst. Das hast du in den letzten drei Wochen schon hervorragend geübt! Dieses Einfühlungsvermögen, welches auch als Selbstempathie bezeichnet wird, ist ein Teil von Selbstliebe und hilft dir dabei, auch in Gesprächen, gut auf dich zu achten und deine Grenzen zu wahren. Und so kannst du wiederum auch dem anderen gelassen und empathischer im Gespräch begegnen. Achtest du hingegen nicht auf dich und deine Gefühle und Bedürfnisse, so mag im Gespräch schnell eine gereizte Stimmung aufkommen und du läufst Gefahr, unachtsam mit dir selbst und eben auch unfreundlich mit dem Gesprächspartner umzugehen.

2. Beispiel „Julia“

Julia

Julia hatte in der Nacht sehr schlecht geschlafen. Sie wälzte sich unruhig hin und her. Gedanken kreisten in ihrem Kopf und zudem hatte sie starke Nackenverspannungen. Doch sie musste nun für das Wochenende einkaufen gehen. Völlig übermüdet schleppt sie sich zum Geschäft. Darin war es sehr voll und laut – lange Schlangen bildeten sich an der Kasse. Julia kämpfte sich durch die Regale und stand lange an der Kasse an. Endlich war sie an der Reihe. Sie räumte zügig die Lebensmittel vom Band in die Einkaufstasche und freute sich auf die frische Luft, die sie gleich draußen atmen durfte. Da hörte sie jemanden ihren Namen rufen: „Huhu, Julia! Juuulia!“ Eine Frau näherte sich schnellen Schrittes und redete weiter: „Wie schön, dass ich dich hier treffe!“ Julia bezahlte gerade und versuchte den Pin-Code einzugeben. „Wie geht es dir denn so?“ Julia schaute kurz auf und erkannte nun ihre damalige Schulfreundin Pamela. „Äh, gut“, stammelte Julia und wurde nervös, weil ihr der richtige Pin gerade nicht einfallen wollte. Sie probierte es noch mal. Pamela redete einfach weiter: „Das ist doch bestimmt schon zehn Jahre her, seit wir uns das letzte Mal gesehen haben, oder? Aber du hast dich kaum verändert.“ Julias Kopf dröhnte. Der Kassierer wurde ungeduldig. Sie war kurz davor, Pamela unfreundlich zu entgegnen: „Du auch nicht! Bist noch eine genauso nervige Quasselstrippe wie früher!“ Doch sie hielt inne. Sie schloss einen Moment die Augen und atmete tief durch. Dann richtete sie sich auf und sagte: „Liebe Pamela. Ich freue mich, dich zu sehen und würde dir sehr gerne in Ruhe zuhören. Jedoch ist die Situation dafür gerade ziemlich ungünstig und ich habe auch starke Kopfschmerzen. Aber du darfst gerne draußen auf mich warten. Dann tauschen wir Nummern aus und verabreden uns für ein entspanntes Pläuschchen. Was meinst du?" Pamela wurde etwas rot und nickte: „Ja, entschuldige. Ich warte draußen." Der Kassierer verzog bewundernd das Gesicht: „Wow, klare Worte", sagte er. „Ja, danke. Nun würde ich gerne noch mal ganz in Ruhe die Pin versuchen."

Julia hat in dieser Gesprächssituation geschafft, innezuhalten, um kurz die Situation und ihr Bedürfnis zu reflektieren. Danach teilte sie dies Pamela freundlich, aber bestimmt mit, ohne Pamela anzugreifen. Grandios!

Möchtest du in einer ähnlichen Situation auch so grandios reagieren?

Wie machen uns noch mal bewusst, was „liebevolle Gesprächsführung", wie ich es nenne und konzipierte, bedeutet.

Auf sich bezogen:

- ♥ sich selbst so annehmen und wertschätzen, wie man ist, mit all seinen Fehlern,
- ♥ seine Werte und Bedürfnisse kennen und ernst nehmen, nicht abwerten,
- ♥ Selbstempathie (Einfühlungsvermögen in sich selbst),
- ♥ authentisch sein: seine Werte und Bedürfnisse und Gefühle zu kommunizieren,
- ♥ nichts persönlich nehmen,
- ♥ liebevoll Grenzen setzen,
- ♥ emotional unabhängig zu agieren → dem anderen keinen Druck oder Vorwürfe machen.

Auf den anderen bezogen:

- den anderen so annehmen und wertschätzen, wie er sich zeigt, mit all seinen Fehlern,
- Empathie (Einfühlungsvermögen in den andren) zeigen,
- den anderen nicht provozieren,
- die Werte, Bedürfnisse und Gefühle des anderen ernst nehmen und nicht abwerten.

3. Übung zum Thema des Tages

Stelle dir folgende Situation vor:

Du bist zu Fuß auf dem Weg durch die Stadt zu einem Arzttermin. Du bist spät dran, doch da versucht dich ein Mann mit einer Spendendose für eine Tierschutzaktion in ein Gespräch zu verwickeln. Du möchtest jedoch unbedingt pünktlich zu deinem Termin kommen. Was sagst du dem Mann?

Versuche hier einen Satz in wörtlicher Rede zu bilden, so wie oben im Beispiel. Und mache dir dabei die Punkte bewusst, die zu einer „liebevollen Gesprächsführung“ dazu gehören.

Ich sage:

„

“

„Liebevolle Gesprächsführung", wie ich es nenne, ist natürlich keine Einbahnstraße. Es gehören zwei dazu. Wenn du liebevoll mit anderen sprichst, ist natürlich die Chance größer, dass sie ebenso liebevoll mit dir reden. Du kennst bestimmt den Spruch: „Wie du in den Wald hineinrufst, so hallt es hinaus". Ist der Gesprächspartner, gerade trotzdem nicht bereit oder nicht in der Lage dazu, ebenfalls liebevoll mit dir zu reden, egal aus welchen Gründen, so verlasse die Situation lieber. Aus Liebe zu dir selbst. Lasse dich nicht verletzen oder deinen inneren Frieden stören. Vielleicht muss der andere nur etwas Abstand haben und in einem neuen Versuch, gelingt es ihm dann auch liebevoll mit dir zu sprechen. Andersherum, wenn du merkst, dass du dabei bist, den Pfad der liebevollen Kommunikation zu verlassen, nimm ebenfalls Abstand. Halte inne und teile dem anderen mit, dass du das Gespräch lieber auf den nächsten Tag verlegen möchtest. Oft sehen die Anlässe für ein Streit am nächsten Tag mit Abstand betrachtet unwichtig aus und beide Gesprächspartner kommen schnell zu einer Einigung.

4. Blitz-Transfer in den Alltag

Achte in Gesprächen gut auf dich und den Gesprächspartner gleichermaßen. Oberstes Gebot sollte stets sein, liebevoll miteinander zu sprechen. Egal, wie nahe du dem anderen stehst. Auch mit Fremden kannst du liebevoll reden. Übe heute in diversen Alltagssituation, ganz bewusst mit Einfühlungsvermögen dir gegenüber und dem anderen gegenüber, Gespräche zu führen – selbst oder gerade wenn dir eigentlich eher etwas unfreundliches auf der Zunge liegt.

5. Selbstliebe-Tagebuch

Tag 16, Datum:

So fühle ich mich am Abend des heutigen Tages:

- ○ fabelhaft!
- ○ gut
- ○ müde, aber glücklich
- ○ bewölkt
- ○ fix und fertig

Die heutigen Übungen haben mich wie folgt positiv beeinflusst (1= gar nicht; 10 = absolut):

1	2	3	4	5	6	7	8	9	10

Das habe ich heute (über mich) gelernt:

Das möchte ich ab sofort in meinem Alltag verändern / in den Alltag integrieren:

Ich liebe mich heute besonders dafür/Das habe ich heute besonders gut hinbekommen:

Damit habe ich mir heute aktiv gutgetan:

Diese Freude möchte ich mir morgen machen:

Sonstige Notizen/To-dos:

Tag 17 | Zeige dich! – Mut für ehrliche Gespräche

(Maike und Björn, Teil 1)

0. Wiederholung:

- Übe nach deinem „Ich liebe meinen Körper"-Wochenplan. Was steht heute an?
- Gönne dir fünf Minuten an deinem „Selbstliebe-Altar". Tue dort, was du möchtest: In Stille sitzen, etwas anschauen, lesen, anfassen, eine Kerze anzünden etc.
- Verinnerliche noch mal kurz, wie wichtig „liebevolle Gesprächsführung" für deinen inneren Frieden ist.

1. Kurze Einführung in das heutige Thema

Kennst du solche Situationen auch? In denen du dich einfach nicht traust, ehrlich zu jemanden zu sein, der dir wichtig ist? Oder dich vorschnell anpasst, weil du befürchtest, der andere nimmt dir deine Meinung oder Bedürfnisse übel? Oder Situationen, in denen du dich ‚lieb Kind' machen willst, damit der andere dich sympathisch findet oder dich mehr liebt? Du möchtest keinen Streit provozieren und somit Gefahr laufen, der andere verlässt dich?

Sei dir ab jetzt bewusst, dass eine dich liebende Person an deinen Wünschen und Bedürfnissen interessiert ist! Du darfst dich offen zeigen! Schließlich möchtest du ja auch so geliebt werden, wie du bist. Wenn du dich jedoch ständig verstellst, dann nimmst du dem anderen die Chance, dich wirklich zu lieben, wie du bist. Denn er kennt nur deine Fassade.

Fange an, ehrlich mit anderen zu kommunizieren. Sollte dein Partner wirklich mit Liebesentzug oder Wut reagieren, wenn du nett formulierst, was du möchtest oder nicht möchtest, so sagt das doch einiges über deinen Partner und seiner Liebe zu dir aus.

2. Beispiel „Maike und Björn, Teil 1"

Maike und Björn

„Magst du heute was essen gehen?", fragte Björn Maike. „Klar, wenn du das möchtest", entgegnete sie ihm. Maike hatte eigentlich keine Lust dazu, sich aus ihrem gemütlichen Jogginganzug zu pellen und sich schick zu machen. Aber sie wollte Björn nicht vor den Kopf stoßen. Björn lachte: „Ähm, ich habe *dich* gefragt, ob *du* es möchtest. Was ich möchte, weiß ich ja. Also: Hast *du* Hunger? Und möchtest *du* draußen was essen gehen oder sollen wir lieber zusammen kochen?", versuchte es Björn noch einmal. Es war unheimlich schwer herauszufinden, was Maike wirklich wollte. Er hatte das Gefühl, dass sie ihm immer nur nach dem Mund redete. Und manchmal sagte sie dann, dass es immer nach ihm gehen würde. Aber das wollte er gar nicht! Doch wenn er, so wie jetzt, nach ihrer Meinung fragte, gab sie ihm einfach keine ehrliche Antwort. Sie fragte zurück: „Möchtest du denn lieber zusammen kochen?" Björn wurde langsam wütend: „Könntest du einfach mal auf eine konkrete Frage konkret antworten, bitte?" Maike bemerkte Björns gereizten Ton und wurde etwas trotzig: „Das tust du doch auch oft nicht." „Natürlich antworte ich dir immer konkret", schnappte Björn zurück. Maike: „Ja, dann sag doch, ob du lieber kochen möchtest oder was Essen gehen." „Ich frage jedoch, was du möchtest, Maike!", versuchte es Björn noch mal verzweifelt. „Essen gehen oder zu Hause kochen?" Maike fühlte sich in die Ecke gedrängt. „Ist mir egal", formulierte sie mit gespielter Gleichgültigkeit. Björn atmete tief durch. Es war einfach unmöglich, sich mit Maike abzustimmen: „So hat das keinen Sinn", sagte er. „Da kann ich mich auch mit meinem Spiegelbild unterhalten. Manchmal frage ich mich, warum wir überhaupt zusammen sind."

Es ist etwas Zeit vergangen. Maike hat in den letzten Tagen viel über das letzte Gespräch mit Björn nachgedacht und sich gefragt: „Wovor habe ich eigentlich Angst? Warum sage ich ihm nicht einfach, was ich wirklich denke? Im Gespräch mit einer Freundin wird Maike bewusst, dass sie Björn immer alles Recht machen möchte, aus Angst, er könne sie verlassen, wenn sie ihm seine Bedürfnisse mitteilt. Dabei hat sie im letzten Gespräch gesehen, wie sehr es ihn eben verunsichert und verletzt, wenn sie nicht aufrichtig ist. Sie erinnert sich an ihre Kindheit und dass sie immer als egoistisch bezeichnet wurde, wenn sie einen Wunsch hatte. Ihre Mutter sagte dann immer, sie würde nerven und wendete sich von ihr ab. Maike verstand, dass ihr Verhalten Björn gegenüber wohl daraus resultieren musste. Denn sie hatte gelernt: „Ich werde nur geliebt, wenn ich keine Bedürfnisse äußere." Es steckte also ein negativer Glaubenssatz hinter ihrem Verhalten, die mit Björn und ihrer Beziehung zu ihm gar nichts zu tun hatte.

☑ 3. Übung zum Thema des Tages

Bist du mutig genug, ehrlich zu kommunizieren? Oder stellst du deine Bedürfnisse auch lieber zurück, aus Angst, nicht mehr geliebt oder abgelehnt zu werden? Mache dir bewusst:

Du bist wertvoll und gut, genau so, wie du bist.

Wenn dich jemand verlassen möchte, weil du ehrlich deine Bedürfnisse äußerst, so hat derjenige dich nicht geliebt. Warum möchtest du dann mit ihm zusammen sein?

Mache dir bewusst, ein Partner, ist nur *eine* Ausdrucksform der Liebe, so wie der spirituelle Lehrer Osho es sagt. Es gibt noch viel mehr Ausdrucksformen der Liebe:

Freunde, Familienangehörige, letztlich sogar jeder Aspekt in der Natur und natürlich die universelle Liebe, die unerschöpflich und unendlich ist. Du lebst bereits in der Fülle! Du bist umgeben von Liebe und du selbst bist Liebe. Fixiere dich also nicht auf eine Person. Sondern konzentriere dich auf die Fülle an Liebe, die in deinem Leben ist, immer war und immer sein wird: die Liebe in dir und die Verbundenheit mit der Natur und der universellen Liebe als unerschöpfliche Quelle. Dann verschwindet die Angst, verlassen zu werden. Denn verlässt dich *eine* Ausdrucksform der

Liebe, ist immer noch unendlich viel Liebe in deinem Leben! Ist das nicht fabelhaft?

Mache dir also bewusst, wie viel Liebe in deinem Leben ist, indem du alle Ausdrucksformen, die dir gerade einfallen, hier aufschreibst. Ich beginne mit der wichtigsten und schreibe dich schon mal ganz oben auf die Liste.

Ausdrucksformen der Liebe, die es in meinem Leben gibt:

♥ Mich

♥ ……………………………………………

♥ ……………………………………………

♥ ……………………………………………

♥ ……………………………………………

♥ ……………………………………………

♥ ……………………………………………

♥ ……………………………………………

Es mag sein, dass, wenn du einmal angefangen hast, alle aufzuschreiben, dass der Platz nicht reicht. Es würde jedoch den Rahmen dieses Buches sprengen, hätte ich unendlich viele Linien gemalt …

4. Blitz-Transfer in die Praxis

Möchtest du als die Person geliebt/ gemocht werden, die du wirklich bist, so zeige dich mutig deinen Gesprächspartnern. Offenbare authentisch, wer du bist. Es mag sein, dass es im öffentlichen oder beruflichen Kontext eher angesagt ist, sich nicht völlig zu offenbaren, da wir je nach Kontext natürlich auch eine Rolle spielen (müssen). Schau im Alltag jedoch gut hin, wem du dich aus guten Gründen nicht komplett offenbarst und wem du dich mit all deinen Facetten zeigen möchtest. Dann tue es und habe keine Angst vor Ablehnung.

5. Selbstliebe-Tagebuch

Tag 17, Datum:

So fühle ich mich am Abend des heutigen Tages:

- ○ fabelhaft!
- ○ gut
- ○ müde, aber glücklich
- ○ bewölkt
- ○ fix und fertig

Die heutigen Übungen haben mich wie folgt positiv beeinflusst (1= gar nicht; 10 = absolut):

1	2	3	4	5	6	7	8	9	10

Das habe ich heute (über mich) gelernt:

Das möchte ich ab sofort in meinem Alltag verändern / in den Alltag integrieren:

Ich liebe mich heute besonders dafür/Das habe ich heute besonders gut hinbekommen:

Damit habe ich mir heute aktiv gutgetan:

Diese Freude möchte ich mir morgen machen:

Sonstige Notizen/To-dos:

Tag 18 | ICH-Botschaften: Gefühle und Bedürfnisse freundlich mitteilen

(Maike und Björn, Teil 2)

0. Wiederholung:

- Übe nach deinem „Ich liebe meinen Körper"-Wochenplan. Was steht heute an?
- Gönne dir fünf Minuten an deinem „Selbstliebe-Altar". Tue dort, was du möchtest: In Stille sitzen, etwas anschauen, lesen, anfassen, eine Kerze anzünden etc.
- Reflektiere noch mal kurz den gestrigen Tag. Hattest du schon Gelegenheit, Mut für ehrliche Kommunikation zu zeigen?

1. Kurze Einführung in das Thema des Tages

Gestern haben wir gelernt, wenn ich mich selbst liebe, muss ich mich nicht verstecken. Denn dann kenne und akzeptiere ich meine Bedürfnisse und Werte. Ich lerne durch Selbstliebe eine Haltung zu entwickeln und kann meinen Standpunkt nach außen vertreten. Da ich mich selbst liebe, bin ich nicht auf die Liebe, Anerkennung und Wertschätzung von anderen angewiesen. Denn ich bin selbst Liebe und in meinem Leben gibt es unzählige weitere Ausdrucksformen von Liebe. Selbst wenn das gegenüber also das, was ich sage und meine ‚doof' finden sollte, stellt das keine Gefahr für meinen Selbstwert oder mein Seelenheil dar. Es bedroht mich nicht existenziell, wenn der andere mit mir nicht konform geht oder mich sogar verlassen würde. Deshalb kann ich gelassen bleiben.

Nur dann, wenn beide Gesprächspartner zu sich stehen, gibt es eine Grundlage für ehrliche Kommunikation und Kompromisse, die tragfähig sind. Alles andere ist Betrug bzw. Selbstbetrug und somit höchst labil. Eine Frage bleibt offen: Wie genau kommuniziere ich nun liebevoll meine Bedürfnisse dem Partner, sodass dieser mich versteht und sich nicht selbst angegriffen fühlt. Hier hat sich die Technik „ICH-Gebrauch“ bewährt.

2. Beispiel „Maike und Björn, Teil 2“

Maike und Björn

Von nun an möchte Maike ehrlich mit Björn kommunizieren. Und sich nicht verstecken. Sie stößt im Internet auf die Methode der ICH-Botschaften. Und formuliert einen Satz:

„Ich fühle mich unsicher, wenn ich meine Bedürfnisse formuliere. Ich habe Angst, du würdest mich dann weniger lieben oder sogar verlassen. Ich werde ab jetzt versuchen, meine Bedürfnisse zu formulieren. Ich würde mich freuen, wenn du mich weiter darin unterstützt und Verständnis dafür hast, dass es mir schwerfällt.“

Am Abend zeigt sie Björn ihre Sätze. Er ist gerührt und nimmt Maike in den Arm. „Danke schön, dass du mir das mitteilst. Jetzt kann ich dein Verhalten besser verstehen. Ich liebe dich und stehe hinter dir.“

Schon am nächsten Tag gab es eine Situation, in der Maike beweisen konnte, was sie gelernt hatte. Björn fragte sie, ob sie am Wochenende mit ihm seine Eltern besuchen wollte. Sie wollte schon in alter Manier sagen: „Wenn du das so möchtest.“ Doch dann hielt sie inne und überlegte kurz. Dann nahm sie all ihren Mut zusammen und formulierte: „Ehrlich gesagt: Ich würde mich lieber mit einer Freundin treffen, die mich schon letztens eingeladen hatte. Ich habe sie schon lange nicht mehr gesehen. Ein anderes Mal aber sehr gerne.“ „Ok, sagte Björn. „Dann plane ich das Treffen ohne dich und grüße meine Eltern von dir. Ich danke dir und weiß deine Ehrlichkeit mir gegenüber sehr zu schätzen.“ Björn gab Maike einen Kuss auf die Stirn. Diese atmete erleichtert tief durch und freute sich darüber, dass sie es geschafft hat, ganz sie selbst zu sein. Es war gar nicht schlimm.

3. Übung zum Thema des Tages

Gefühle und Bedürfnisse formulieren:

Stelle dir eine Situation vor, in der du ein Gefühl und ein Bedürfnis freundlich formulieren möchtest. Zum Beispiel möchtest du deine Mutter bitten, auf dein Kind aufzupassen. Oder einen Freund, dir sein Auto zu leihen oder einen Nachbarn, deine Kleiderstange anzubringen.

Bleibe ganz bei dir und nutze die Methode der ICH-Botschaften (vgl. Gordon, 2012 und Schulz von Thun, 2010):

1. „Ich bin müde, ängstlich etc. ..."
2. „Ich wünsche mir, dass ..."

    - Vermeide Sätze mit „man" oder „wir".
    - Vermeide DU-Botschaften, wie „Du sollst ..." Das hört sich nach Befehl an. Und Befehle hört niemand gerne.
    - Vermeide Worte, wie „immer" oder „nie", zum Beispiel „Immer machst du ..." „Nie tust du ..." Das hört sich vorwurfsvoll an.

Sage erstens, wie du dich fühlst und zweitens, was du dir wünschst und zwar in der ICH-Form:

Schreibe auf:

1. Was fühle ich?
2. Was möchte ich?

Dann formuliere ganze Sätze:

1. „Ich fühle mich/ ich bin ..."
2. „Ich würde mir wünschen/ es würde mich darüber freuen, wenn ..."

Wenn dir das schwerfällt, so lies dir dazu noch mal das Beispiel durch und achte darauf, wie Maike formuliert.

4. Blitz-Transfer in den Alltag

Gerade wenn wir anderen unsere Gefühle und Bedürfnisse mitteilen wollen, fällt es uns manchmal schwer, die richtigen Worte zu finden. Einige Coachingteilnehmer haben mir sogar gesagt, sie kämen sich komisch dabei vor, von ihren Gefühlen zu sprechen und ihren Wunsch freundlich zu formulieren. Das betrifft auffallend häufig die, die sehr gerne mit Ironie und Sarkasmus arbeiten. Bist du vielleicht auch so jemand? Mag es sein, dass dir dann doch einfach der Mut fehlt, dich zu zeigen? Probiere doch einfach mal die hier beschriebene Methode auf und schaue, wie dein Gegenüber reagiert. Es mag schon sein, dass der ein oder andere überrascht ist, welche neuen Töne du anschlägst. Doch ist das was Schlechtes?

5. Selbstliebe-Tagebuch

Tag 18, Datum:

So fühle ich mich am Abend des heutigen Tages:

- ○ fabelhaft!
- ○ gut
- ○ müde, aber glücklich
- ○ bewölkt
- ○ fix und fertig

Die heutigen Übungen haben mich wie folgt positiv beeinflusst (1= gar nicht; 10 = absolut):

1	2	3	4	5	6	7	8	9	10

Das habe ich heute (über mich) gelernt:

Das möchte ich ab sofort in meinem Alltag verändern / in den Alltag integrieren:

Ich liebe mich heute besonders dafür/Das habe ich heute besonders gut hinbekommen:

Damit habe ich mir heute aktiv gutgetan:

Diese Freude möchte ich mir morgen machen:

Sonstige Notizen/To-dos:

Tag 19 | Nein sagen lernen – ohne schlechtes Gewissen (Isabel)

0. Wiederholung:

- Übe nach deinem „Ich liebe meinen Körper"-Wochenplan. Was steht heute an?
- Gönne dir fünf Minuten an deinem „Selbstliebe-Altar". Tue dort, was du möchtest: In Stille sitzen, etwas anschauen, lesen, anfassen, eine Kerze anzünden etc.
- Reflektiere den gestrigen Tag. Hast du die Methode der ICH-Botschaften schon angewendet? Wie waren die Reaktionen?

1. Kurze Einführung in das Thema des Tages

Bevor wir beginnen, möchte ich dich bitten, jetzt einmal ganz laut „Nein!" zu sagen. Wirklich. Das meine ich so. Also bitte nicht einfach weiterlesen, sondern tief einatmen und laut „Nein!" sagen. Geschafft? Super. Wie fühlt sich das an? Bekommst du jetzt schon gerade beklemmende Gefühle? Oder tat es gut? Musst du ein bisschen über dich selber schmunzeln?

Gerade fürsorglichen Menschen fällt es schwer, jemandem „Nein" zu sagen und damit einem Wunsch nicht nachzukommen. Ein „Ja, klar, mache ich für dich" fällt ihnen hingegen sehr leicht. Und? Ertappt? Das mag daran liegen, dass du dich in der Rolle der Gebenden stark und sicher fühlst. Zudem vermeidest du Konflikte, jedenfalls in diesem Moment, wenn du das tust, was andere von dir möchten. Letztlich ist ein ständiges Ja zu anderen ein ständiges Nein zu dir. Und das frustriert dich letztlich immer mehr und zwar zu Recht. Denn deine Bedürfnisse kommen ganz real zu kurz, wenn du dich nicht abgrenzt und auch Neins verteilst. Immer die Erwartungen anderer zu erfüllen ist sehr anstrengend. Vielleicht machst du dann sogar denen, die dich um etwas bitten, Vorwürfe, weil du zu kurz kommst. Aber, die anderen können gar nichts dazu, wenn du nicht selbst auf dich und deine Bedürfnisse achtest. Sie bitten dich lediglich um etwas und du hast die Wahl „Ja“ oder „Nein“ zu sagen. Hört sich doch eigentlich ganz einfach an, oder? Warum fällt es uns also oft schwer, Nein zu sagen?

2. Beispiel „Isabel“

Isabel

Isabel arbeitet in einem Großraumbüro als Sachbearbeiterin. Momentan ist Urlaubszeit und es ist viel zu tun. Isabel kann ihre Arbeit kaum schaffen. Die Akten türmen sich auf ihrem Schreibtisch und sie hat das Gefühl, dass jeder immer zu ihr kommt, wenn er etwas braucht. Da kommt ihre Kollegin Simone und setzt sich auf die letzte kleine freie Ecke auf Isabels Schreibtisch: „Hi du Fleißige. Ich bewundere immer deinen Arbeitseifer“, beginnt diese. „Danke“, antwortet Isabel knapp, ohne von den Akten aufzuschauen. Simone fährt fort: „Ich möchte nächste Woche in den Urlaub und suche eine Urlaubsvertretung. Kann ich dir ein paar Akten bringen?“ Isabel guckt Simone entgeistert an. Sieht sie nicht, dass Isabel kaum mit ihrer Arbeit nachkommt? Sie hat schon Akten von zwei anderen Kolleginnen übernommen. Simone wartet Isabels Antwort gar nicht ab, sondern hüpft mit einem „Danke“ von Isabels Tisch und begibt sich auf den Weg zu ihrem eigenen. Isabel ist perplex. Was soll sie nur tun? Sie müsste noch schneller arbeiten und abends noch etwas länger bleiben, um alles zu schaffen. Andersherum braucht sie auch eine Vertretung, wenn sie Urlaub machen möchte. Simone hatte ihr jedoch noch nie etwas abgenommen. Aber wenn sie jetzt Simones Bitte ablehnt, bekommt Isabel bestimmt wieder ein schlechtes Gewissen. Was soll sie nur tun?

3. Übung zum Thema des Tages

Um die Frage aus der Einleitung aufzugreifen, warum es uns so schwerfällt, Nein zu sagen: Weil Nein sagen sehr komplexe

Themen in uns gleichzeitig anspricht. Einige davon haben wir bereits in den letzten Tagen besprochen:

- eigene Werte bewusst machen und leben (Tag 6),
- ein Standing entwickeln und sich abgrenzen (Tag 7),
- eigene Bedürfnisse kennen und sich erfüllen (Tag 8),
- negative Glaubenssätze (Tag 11),
- Selbstempathie (Tag 16),
- Mut für ehrliche Gespräche (Tag 17),
- Gefühle und Bedürfnisse freundlich mitteilen (Tag 18).

Einige Themen, die ebenfalls mit dem Thema Nein sagen zu tun haben, besprechen wir noch in den nächsten Tagen:

- Annehmen lernen – sei Prinzessin und schaffe Raum für Heldentum (Tag 21),
- Verantwortungsbereiche bewusst machen (Tag 23),
- erkenne Beziehungen, die dir nicht guttun (Tag 25),
- Erwartungen liebevoll an sich abprallen lassen (Tag 27).

Wenn du herausfinden möchtest, warum es dir schwerfällt, Nein zu sagen, solltest du die Themen der oben beschriebenen Tage noch mal reflektieren. Grundsätzlich solltest du, wenn Anforderungen auf dich zukommen, weil dich z.B. jemand um etwas bittet, Folgendes tun:

1. **Innehalten und überlegen, ob du wirklich Ja sagen möchtest oder ob und warum du eigentlich lieber Nein sagen möchtest. Beantworte dir diese Fragen:**

    - Möchtest du Ja sagen? Hast du wirklich genug Energie und Zeit für ein Ja? Bleibt auch nichts anderes oder du selbst auf der Strecke, wenn du Ja sagst?
    - Oder möchtest du tief im Innern eigentlich Nein sagen? Warum möchtest du Nein sagen? Welchen Sinn macht das Nein?

- ♥ Was passiert, wenn du Ja sagst, was lieber nicht passieren sollte? Was passiert, wenn du Nein sagst, was unangenehm wäre?
    - Möchtest du wirklich Nein sagen oder vielleicht eher:
    - Gerne, aber erst heute Abend, morgen etc. oder
    - Ja, wenn dies oder jenes erfüllt ist ...
    - Ja, aber erst das ... Dann das ...
    - Das lieber nicht, aber stattdessen könnten wir/ du / ich ...

2. **Schütze dich vor Menschen, die deine Gutmütigkeit ausnutzen. Stelle dir die Frage:**

   Ist der Mensch, der mich um etwas bittet, eine eher toxische Persönlichkeit, die möchte, dass sich immer alles nur um sie dreht und die nie etwas zurückgibt?

   Denn es gibt Menschen, die es ausnutzen, wenn du ein hilfsbereiter, rücksichtsvoller Mensch bist. Vor diesen solltest du dich schützen, wenn dir dein Leben lieb ist. Sie saugen dich aus, bis du dich selbst komplett aufgegeben oder keine Kraft mehr hast (siehe Tag 25 – der Feind in meinem Bett).

3. **Freundlich, aber bestimmt Nein sagen mit Ich-Botschaften**

   Das Formulieren von Ich-Botschaften haben wir uns gestern bereits angesehen. Wenn du Nein sagst, so tue dies freundlich, aber bestimmt. So ist die Chance am größten, dass der Gesprächspartner Verständnis für dich hat.

4. **Sonderfall Kindererziehung:**

   Gerade in der Kindererziehung vermeidest du Probleme und unnötige Diskussionen, wenn du sehr reflektiert Ja oder Nein sagst. Hinterfrage jedes Mal den Sinn, deiner Antwort. Warum Ja? – Weil dich die Kids gerade nerven und du Ruhe haben möchtest? Warum Nein? – Weil du überängstlich bist und deine Kinder schützen möchtest? Du siehst, es ist gar nicht so einfach, zu entscheiden, wann man Ja und wann man Nein sagen sollte. Deshalb ist es manchmal wichtig, um etwas Bedenkzeit zu bitten. „Gib mir fünf Minuten, ich muss mir gerade überlegen, ob ich Nein oder Ja sage. Ich komme gleich auf dich zu." Dann hast du Zeit zum Nachdenken und musst dann natürlich auch zuverlässig auf das Kind zugehen und ihm deine Antwort mitteilen. Sich eine Bedenkzeit nehmen ist jedoch nicht nur in der Kindererziehung wertvoll.

5. **Ohne schlechtes Gewissen Nein sagen**

   Wenn du verstanden hast, dass du es wert bist, geliebt und gut behandelt zu werden und du die Hauptperson in deinem Leben sein solltest, so kannst du langsam deinem schlechten Gewissen auf Wiedersehen sagen. Es sind alte Glaubenssätze, die dir ein schlechtes Gewissen machen. Es ist jedoch keine Sünde, für sich selbst da zu sein. Nächstenliebe fängt immer bei uns selbst an. Je mehr Selbstliebe du aufbaust, desto mehr verschwindet dein schlechtes Gewissen. Und wenn es sich doch zeigt, heiße es willkommen. Sage, danke, dass du vorbeigekommen bist, aber ich brauche dich nicht. Wenn du mich daran erinnern möchtest, dass ich an andere denken soll, so sage ich dir, das tue ich sowieso, aber ich darf auch an mich denken. Führe dir vor Augen, wie viel du für andere tust, indem du es einen Tag oder eine Woche lang mal aufschreibst und daneben, wie viel du an dem Tag für dich getan hast. Und? Wie ist das Verhältnis? Bist du wirklich egoistisch und denkst nur an dich?

4. Blitz-Transfer in den Alltag

Immer, wenn du ein schlechtes Gewissen hast, wenn du Nein sagst, mache dir eine Liste und schreibe darauf, wie viel du an diesem Tag oder in den letzten zwei Wochen – je nachdem, wie oft du diese Person siehst – für diese Person getan hast. Und wie viel hast du für dich selber oder andere getan? Wie viel haben andere etwas für dich getan? Wer kommt wirklich zu kurz? Es geht nicht darum, jeden Gefallen gegeneinander aufzurechnen. Aber es kommt schon darauf an, dass du dir bewusst machst, dass du nicht nur Geben kannst, wenn du nicht ausbrennen möchtest, sondern auch Nehmen darfst.

5. Selbstliebe-Tagebuch

Tag 19, Datum:

So fühle ich mich am Abend des heutigen Tages:

- ○ fabelhaft!
- ○ gut
- ○ müde, aber glücklich
- ○ bewölkt
- ○ fix und fertig

Die heutigen Übungen haben mich wie folgt positiv beeinflusst
(1= gar nicht; 10 = absolut):

1	2	3	4	5	6	7	8	9	10

Das habe ich heute (über mich) gelernt:

Das möchte ich ab sofort in meinem Alltag verändern / in den Alltag integrieren:

Ich liebe mich heute besonders dafür/Das habe ich heute besonders gut hinbekommen:

Damit habe ich mir heute aktiv gutgetan:

Diese Freude möchte ich mir morgen machen:

Sonstige Notizen/To-dos:

Tag 20 | Ja sagen lernen: Öffne dem Leben eine Tür! (Nadine)

0. Wiederholung:

- Übe nach deinem „Ich liebe meinen Körper"-Wochenplan. Was steht heute an?
- Gönne dir fünf Minuten an deinem „Selbstliebe-Altar". Tue dort, was du möchtest: In Stille sitzen, etwas anschauen, lesen, anfassen, eine Kerze anzünden etc.
- Reflektiere den gestrigen Tag: Hast du schon Nein sagen geübt? Und? Hast du es ohne schlechtes Gewissen geschafft?

1. Kurze Einführung in das heutige Thema

Kennst du den Film „Der Ja-Sager"? Das ist eine Komödie mit Jim Carrey. Es geht darum, Ängste loszulassen und aus einer Vermeidungshaltung herauszukommen. Sag einfach mal Ja! Und schaue, was passiert. In dem Film ist es natürlich herrlich überzogen. Doch die Kernbotschaft stimmt: Sage laut Ja, auch zu dir selbst! Probiere neue Dinge aus und verlasse deine Komfortzone. Du wirst sehen, wie positiv sich deine Beziehungen verändern, wenn du zu Dingen, zu denen du aus Angst oder Scham bisher Nein gesagt hast, einfach mal Ja sagst.

Damit meine ich natürlich nicht, dass du dich zu Dingen zwingen sollst, die komplett gegen deine Werte gehen und zu denen du aus Überzeugung und Selbstliebe Nein sagst. Dieses Thema hatten wir gestern an Tag 19 besprochen.

Sondern den Mut zu finden, zu den Dingen Ja zu sagen, zu denen du tief im Innern eigentlich schon immer gerne Ja sagen wolltest.

Ja sagen hilft zudem aus einem langweiligen, festgefahrenen Alltag auszubrechen. Ja sagen hilft, die Beziehungen zu anderen positiv zu gestalten, indem man Dinge tut, die dir deren

Lebenswelt näherbringen. Fragt dich zum Beispiel ein Freund, der Fallschirmspringer ist: „Hey, mach doch mal einen Tandemsprung mit mir!“, wäre das vielleicht eine gute Gelegenheit, einmal Ja zu sagen. Dieses gemeinsame Erlebnis wird euch ewig verbinden.

Ja sagen heißt auch, sich selbst neue Lebensmodelle zuzugestehen und sich ein wenig in das Abenteuer zu stürzen, z.B. für einen neuen Job in eine andere Stadt zu ziehen. Oder auszuwandern. Du kennst sicher die Serie „Goodbye Deutschland“. Hier versuchen Menschen ihre Träume vom Auswandern zu verwirklichen. Sie sagen einfach mal Ja, wo andere von träumen, aber zu viel Angst hätten. Die Auswanderer wagen etwas. Das fühlt sich frei und lebendig an. Und kann sich positiv auf die Beziehungen der Auswanderfamilie auswirken, da es ein gemeinsames Erlebnis ist. Und was bleibt, ist definitiv die Erfahrung des Abenteuers, welches sie gewagt haben. Und egal, wie es ausgeht, dies kann ihnen keiner nehmen.

Zusammengefasst lassen sich folgende Gründe für das Ja sagen ausmachen:

- Träume verwirklichen,
- gemeinsames Erlebnis schaffen,
- anderen einen Gefallen tun,
- seine Ängste besiegen,
- raus aus dem Alltagstrott,
- sich lebendig fühlen,
- nichts bereuen müssen.

2. Beispiel „Nadine“

Nadine

Es ist ein schöner Sommertag. Nadine sitzt auf ihrem Balkon und liest ein Buch. Plötzlich klingelt es an der Haustür. Ihre Freundin

Paula steht vor der Tür. „Ich bin mit dem Motorrad da. Und habe einen zweiten Helm!", säuselt sie freudestrahlend und drückt Nadine den Helm entgegen. Nadine schüttelt energisch den Kopf. „Du weißt doch, dass ich Angst habe, Motorrad zu fahren, Paula!" „Dann ist heute ein guter Tag, diese Angst zu überwinden", grinst Paula. „Das ist aber gefährlich!", entgegnet Nadine ängstlich. „Jepp. Das ist Autofahren auch. Und Fahrradfahren und sogar Fensterputzen. Die meisten Unfälle passieren im Haushalt, wusstest du das?" Nadine lacht. „Komm schon, Nadine. Es ist so schönes Wetter. Wir machen eine kleine Spazierfahrt über die Dörfer und picknicken an einem idyllischen Fleckchen." Nadine seufzt. „Ich fahre auch gaaaanz langsam. Sag doch einfach mal Ja!", spricht ihr Paula weiter gut zu. Endlich gibt sich Nadine einen Ruck. „Dir zum Gefallen!", sagt sie. „Super! Das wird klasse!", hüpft Paula im Flur auf und ab. Gesagt, getan. Etwas später fahren die zwei Freundinnen die Landstraße entlang. Anfänglich umklammerte Nadine Paula verkrampft. Doch jetzt konnte sie die Fahrt genießen. Es war ein wenig wie fliegen. Die Sonne schien ihr ins Gesicht und ihre Haare wehten im Wind. Sie fühlte sich frei und trotzdem verbunden mit der ganzen Welt. Sie lachte laut und ausgelassen, hob einen Arm hoch über ihren Kopf und winkte einem Spaziergänger. Diesen gemeinsamen Tag würde sie nie vergessen. Sie war stolz auf sich, ihre Angst losgelassen zu haben.

3. Übung zum Thema des Tages

Ja sagen Bucket List erstellen

Notiere zehn Dinge, die du eigentlich schon immer machen wolltest, aber bisher nicht mutig genug dafür warst:

1.

2.

3.

4.

5.

6.

7.

8.

9.

10.

Fange heute an: Plane die Umsetzung einen der Punkte auf deiner Ja-sagen Bucket List oder setze einen davon sogar heute schon um.

4. Blitz-Transfer in den Alltag

Öffne dem Leben eine Tür und sage „Ja". Lasse dich von anderen inspirieren und ermutigen. Sage deinen Mitmenschen einfach mal Ja, wo du sonst Nein gesagt hättest: deinen Freunden, Nachbarn, Partner, Familie und vor allem deinen Kindern. Da sind wir oft total starr mit unseren Neins, aus Sorge, es könne nicht gut für sie sein und verpassen so manchen Spaß. Wenn du also irgendwo keine Lust zu hast, frage dich, was dich genau davon abhält. Vielleicht auch mal wieder ein negativer Glaubenssatz?

5. Selbstliebe-Tagebuch

Tag 20, Datum:

So fühle ich mich am Abend des heutigen Tages:

- fabelhaft!
- gut
- müde, aber glücklich
- bewölkt
- fix und fertig

Die heutigen Übungen haben mich wie folgt positiv beeinflusst
(1= gar nicht; 10 = absolut):

1	2	3	4	5	6	7	8	9	10

Das habe ich heute (über mich) gelernt:

Das möchte ich ab sofort in meinem Alltag verändern / in den Alltag integrieren:

Ich liebe mich heute besonders dafür/Das habe ich heute besonders gut hinbekommen:

Damit habe ich mir heute aktiv gutgetan:

Diese Freude möchte ich mir morgen machen:

Sonstige Notizen/To-dos:

REFLEXION WOCHE 4:

Reflexions-Baukasten "Selbstliebe und positive Gesprächsführung"

Du hast nun einige Elemente kennengelernt, die dazu beitragen, Gespräche positiv zu gestalten. Lass uns diese nun noch mal in einem kleinen Schaubild zusammentragen:

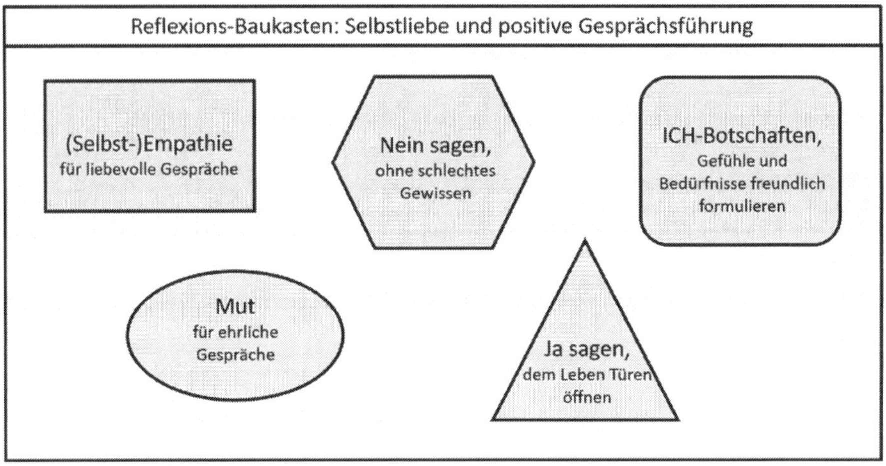

Quelle: eigene Darstellung, © 2022 Yvonne Borowiak - FABELHAFT leben!

Male die Elemente grün an, deren Themen dir bereits klar sind und die du schon recht gut umsetzen kannst. Male rot an, was dir noch nicht ganz klar ist oder was du noch nicht für dich zufriedenstellend umsetzen kannst, woran du jedoch momentan gerne weiterarbeiten möchtest. Lasse die Elemente grau, die für dich momentan nicht relevant sind.

Für jedes grüne Element sage dir: „Herzlichen Glückwunsch! Das mache ich bereits fabelhaft!"

Für jedes rote Element, sage dir: „Interessant, das schaue ich mir beizeiten noch mal an und freue mich auf meine Entwicklung."

WOCHE 5:

Selbstliebe und Partnerschaft

In dieser Woche geht es darum, wie Selbstliebe und Partnerschaft zusammenhängen. Solltest du (momentan) keinen Partner haben, ist das überhaupt nicht schlimm. Gehe im Geiste einfach deine Ex-Beziehungen durch, wenn du die Übungen machst. Du wirst einige Aha-Erlebnisse haben, die dir in der nächsten Beziehung und schon bei der Auswahl deines nächsten Partners helfen können. Und du wirst zudem wieder sehr viel über dich selbst lernen. Das wird eine sehr intensive Woche. Deshalb übe fleißig mit deinem „Ich liebe meinen Körper“-Wochenplan und nutze deinen „Selbstliebe-Altar“, um dich zu stärken.

An Tag 21 möchte ich dich dazu ermuntern, es zuzulassen, dass dein Partner dir hilft oder dir guttut. Sei Prinzessin und lasse ihm Raum für Heldentum.

An Tag 22 spüre die ganze Leichtigkeit des partnerschaftlichen Seins und zelebriert gemeinsam eure Lebensfreude mit etwas WIR-Zeit.

An Tag 23 möchte ich mit dir partnerschaftliche Verantwortungsbereiche bewusst machen und wie ihr kommunikative Teufelskreise auflösen könnt.

An Tag 24 solltest du dir Gedanken darüber machen, dass du deinen Partner annehmen solltest, wie er ist oder ihn liebevoll loslassen, denn sonst zermürbt es dich.

Und schließlich wirst du an Tag 25 reflektieren, ob du dich vielleicht in einer toxischen Beziehung befindest, die dir sehr viel Energie raubt, weil du nicht wertgeschätzt und geliebt wirst und welche ersten Schritte du dann tun kannst.

Bist du bereit für die nächste Woche voller Abenteuer? Dann los!

Tag 21 | Sei Prinzessin und schaffe Raum für Heldentum: Annehmen lernen

(Ruth und Sebastian)

0. Wiederholung:

- Übe nach deinem „Ich liebe meinen Körper"-Wochenplan. Was steht heute an?
- Gönne dir fünf Minuten an deinem „Selbstliebe-Altar". Tue dort, was du möchtest: In Stille sitzen, etwas anschauen, lesen, anfassen, eine Kerze anzünden etc.
- Oder schau dir noch mal deinen Reflexions-Baukasten „Liebevolle Kommunikation" an

1. Kurze Einführung in das heutige Thema

Heute wird es ganz leicht und entspannt. Denn heute lehnst du dich zurück und lässt dich verwöhnen. Du lehnst dich zurück und nimmst alles an, was dir entgegengebracht wird. Hört sich einfach an. Oder? Gerade in der heutigen Zeit der Emanzipation vergessen wir Frauen oft, uns zurückzulehnen und Prinzessin zu sein. Weißt du noch, wie es geht? Dinge abzugeben, die du selbst erledigen könntest? Sich verletzlich zu zeigen und Raum für Unterstützung zu schaffen? Du hast an Tag 7 etwas über die aktive Seite deiner stolzen Weiblichkeit erfahren. Am heutigen Tage geht es darum, dass du die passive Seite förderst und dir erlaubst, die passive weibliche Seite zu leben. Entspanne. Sei gelassen. Empfange. Lasse geschehen. Schaffe deinem Partner Raum, dein Held zu sein! Werde zur Prinzessin: Lasse dich verwöhnen. Nimm Hilfe an, auch bei Dingen, die du selbst schaffen kannst. Natürlich könntest du alles selbst schaffen. Aber warum? Wo ist denn dann noch Raum für deinen Partner? Ein Mann möchte seine Prinzessin glücklich machen. Ein Mann ist gerne aktiv mit einer Lösung parat. Ein Mann ist gerne der Held seiner Frau. Also, lasse ihn. Lasse ihn heute mal ganz und gar ein Held sein, auf seiner Art und Weise. Und dann lächle. Mehr hast du heute nicht zu tun. Lächle und sei glücklich. Unterstützung annehmen ist ein Akt der Selbstliebe. Lass die Kontrolle los. Gib dich ganz deinem Partner hin. Vertraue und genieße.

2. Beispiel „Ruth und Sebastian“

Ruth und Sebastian

Ruth ist gestresst. Sie hat auf der Arbeit so viel zu tun und nun ist auch noch ihr Fahrrad defekt. Sie ruft ihren Mann Sebastian an und klagt ihm ihr Leid. „Mir wächst gerade alles über den Kopf“, stöhnt sie. Sebastian bietet sich an, sich um das Fahrrad zu kümmern. „Nein, das schaffe ich schon. Ich werde heute Abend danach sehen.“ Abends ist Ruth erst spät zu Hause, da sie anstatt mit dem Fahrrad mit dem Bus zur Arbeit fahren musste. Das hieß für sie drei Mal umsteigen. Jetzt musste sie auch noch kochen und sich dann um das Fahrrad kümmern. Sie war so müde. „Wir können doch einfach Pizza bestellen“, sagte Sebastian. „Oder ich koche.“ Ruth lachte: „Du kochst – ich möchte mich nicht vergiften. Und Pizza ist so ungesund. Ich möchte mich doch gesund ernähren.“ Sebastian nimmt Ruth liebevoll in den Arm: „Ich verstehe dich. Aber manchmal geht eben nicht alles perfekt. Da muss man Abstriche machen.“ Ruth wollte schon wieder etwas entgegnen und sich aus der Umarmung befreien. Aber sie war so müde und es tat so gut, die starken Arme von Sebastian zu spüren. „Vielleicht hast du recht“, nuschelte sie erschöpft. Sebastians Augen funkelten freudig. „Na klar! Du arbeitest so viel und tust alles für uns. Heute Abend bist du meine Prinzessin und ich verwöhne dich.“ Ruth lächelt. Sebastian war voll in seinem Element: „Ich lasse dir ein heißes Bad ein und bestelle Pizza. Und in der Zeit, repariere ich dein Fahrrad.“ Und dann kuscheln wir schön vor dem Fernseher und essen dabei die Pizza.“ Ruth fühlte sich erleichtert: „Das hört sich fabelhaft an“, sagte sie glücklich.

3. Übung zum Thema des Tages

Sei einen Tag lang Prinzessin. Oder zumindest für ein paar Stunden. Lasse Hilfe zu und bitte sogar um Hilfe. Nimm diese Hilfe deines Partners ohne schlechtes Gewissen an. Sei einfach glücklich darüber. Du hast es doch verdient, dass andere dich wie eine Prinzessin behandeln. Sage einfach: „Ich würde mich freuen, wenn du mir bei XYZ helfen könntest." Oder: „..., wenn du mir XYZ heute abnehmen würdest." „..., wenn du mir ein Bad einlassen würdest." „Es würde mich glücklich machen, wenn du mir die Füße massieren würdest."

Schreibe hier drei Dinge auf, bei denen du dir Hilfe wünschen würdest:

1. ....

2. ....

3. ....

Schreibe hier nun drei Dinge auf, die dir Spaß oder Entspannung bringen würden:

1. ....

2. ....

3. ....

Und nun gehe zu deinem Partner, frage ihn/ sie ein oder zwei Dinge davon. Und dann genieße es!

4. Blitz-Transfer in den Alltag

Sei zwischendurch immer wieder ganz bewusst Prinzessin und genieße es! Schaue im Alltag immer wieder, bei was dich dein Partner (oder auch andere Menschen) unterstützen könnte oder womit er dir Spaß und Entspannung bringen könnte. Und dann frage danach und genieße es! Wenn er ablehnt, so nimm es nicht persönlich. Stelle eine höfliche Frage und lasse dem anderen natürlich auch die Möglichkeit Nein zu sagen. Ich denke aber, dass du überrascht sein wirst, wie oft du ein Ja bekommst.

5. Selbstliebe-Tagebuch

Tag 21, Datum:

So fühle ich mich am Abend des heutigen Tages:

- fabelhaft!
- gut
- müde, aber glücklich
- bewölkt
- fix und fertig

Die heutigen Übungen haben mich wie folgt positiv beeinflusst
(1= gar nicht; 10 = absolut):

1	2	3	4	5	6	7	8	9	10

Das habe ich heute (über mich) gelernt:

Das möchte ich ab sofort in meinem Alltag verändern / in den Alltag integrieren:

Ich liebe mich heute besonders dafür/Das habe ich heute besonders gut hinbekommen:

Damit habe ich mir heute aktiv gutgetan:

Diese Freude möchte ich mir morgen machen:

Sonstige Notizen/To-dos:

Tag 22 | WIR-Zeit: Gemeinsam Spaß haben! (Lara und Lukas)

0. Wiederholung

- Übe nach deinem „Ich liebe meinen Körper“-Wochenplan. Was steht heute an?
- Gönne dir fünf Minuten an deinem „Selbstliebe-Altar“. Tue dort, was du möchtest: In Stille sitzen, etwas anschauen, lesen, anfassen, eine Kerze anzünden etc.
- Übe dich auch heute ganz bewusst zwischendurch im Prinzessin-Sein.

1. Kurze Einführung in das heutige Thema

Manchmal ist der Alltag so fordernd, dass wir nicht nur vergessen, die Beziehung mit uns selbst zu pflegen, sondern auch gemeinsam mit unserem Partner Spaß zu haben! Deshalb sollst du heute in deiner Beziehung den Spaß an erste Stelle setzen! Mit Menschen Spaß zu haben, die uns wichtig sind, macht uns glücklich und tut uns gut. Selbstliebe bedeutet auch, Beziehungen zu anderen genießen zu können.

2. Beispiel „Lara und Lukas“

Lara und Lukas

Lara und Lukas sind heute mit einem befreundeten Ehepaar essen. Lukas sagt: „Hey, das ist schön, dass es geklappt hat! Irgendwie ist man ja die ganze Woche eingespannt mit Dingen, die man erledigen muss.“ „Ja, sagt Ben, „das geht uns auch so. Man muss sich schöne Zeiten regelmäßig einplanen. Sonst bleiben Freunde auf der Strecke.“ „Nicht nur Freunde“, sagt Lara. „Lukas und ich sind auch schon seit einer gefühlten Ewigkeit nicht mehr weggegangen.“ Lukas nickt zustimmend. Franziska wirft ein:

„Also Ben und ich planen jede Woche ein paar Stunden ‚Wir-Zeit' ein." „Ach, wirklich? Wie macht ihr das? Ihr habt doch auch zwei kleine Kinder", hakt Lukas nach. Ben antwortet: „Wir haben jeden Samstagnachmittag bis Abend einen Babysitter da." „Außer die Kinder sind krank oder es ist ein wichtiger anderer Termin", wirft Franziska ein. „Aber ansonsten ist uns diese Wir-Zeit heilig." „Und was macht ihr in der Zeit so, wenn ich fragen darf?", lächelt Lara etwas verlegen. „Na, wir gehen spazieren oder fahren Fahrrad. Gehen was Essen, ins Kino, ins Konzert ... worauf wir gerade Lust haben." Lukas ist begeistert: „Das finde ich toll! Das sollten wir auch machen, Lara." Zu Hause angekommen, schreiben sie all die Dinge auf, die sie früher sehr gerne zusammen gemacht hatten.

3. Übung zum Thema des Tages

Überlege dir, was dein Partner und du früher gemeinsam gerne gemacht habt. Beziehe auch gerne deinen Partner mit ein. Schreibt auf:

Wo seid ihr gerne gemeinsam hingegangen (Restaurants, Parks, Freizeitparks, Theater etc.)?

Welche Interessen habt ihr gemeinsam verfolgt (Gesellschaftsspiele, Tanzen, Bowling, Tennis, Wandern, Konzerte etc.)?

Lasst das wieder aufleben! Selbstliebe heißt nicht, dass du dir ab jetzt nur noch selbst guttun darfst. Wenn du einen Partner hast, beziehe ihn natürlich gerne mit ein, wenn er es möchte. Vielleicht hat er in den letzten Wochen schon interessiert beobachtet, was du alles getan hast und wie du dich verändert hast? Nun ist es höchste Zeit, ihn ein Stück mit einzubeziehen! Vielleicht macht ihr das kleine Yoga-Workout zusammen?

4. Blitz-Transfer in den Alltag

Lege dir mit deinem Partner eine gemeinsame Gruppe auf einem Messenger-Dienst an und schreibt dort gemeinsame Aktivitäten, Ausflugsziele, Lieblingsrestaurant etc. hinein (siehe die Liste aus der Übung). Ergänzt diese Liste nach Belieben. Vereinbart einen festen Tag in der Woche oder im Monat, an dem ihr ein oder zwei Aktivitäten ausführt. Ihr könnt diese Aktivität gemeinsam oder abwechselnd planen. Trage diese WIR-Zeit in deinen Wochenplan oder Kalender fest ein.

5. Selbstliebe-Tagebuch

Tag 22, Datum:

So fühle ich mich am Abend des heutigen Tages:

- fabelhaft!
- gut
- müde, aber glücklich
- bewölkt
- fix und fertig

Die heutigen Übungen haben mich wie folgt positiv beeinflusst (1= gar nicht; 10 = absolut):

1	2	3	4	5	6	7	8	9	10

Das habe ich heute (über mich) gelernt:

Das möchte ich ab sofort in meinem Alltag verändern / in den Alltag integrieren:

Ich liebe mich heute besonders dafür/Das habe ich heute besonders gut hinbekommen:

Damit habe ich mir heute aktiv gutgetan:

Diese Freude möchte ich mir morgen machen:

Sonstige Notizen/To-dos:

Tag 23 | Raus aus dem Teufelskreis: Verantwortungsbereiche bewusst machen (Sibille und Peter)

0. Wiederholung:

- Übe nach deinem „Ich liebe meinen Körper“-Wochenplan. Was steht heute an?
- Gönne dir fünf Minuten an deinem „Selbstliebe-Altar“. Tue dort, was du möchtest: In Stille sitzen, etwas anschauen, lesen, anfassen, eine Kerze anzünden etc.
- Ergänze die Liste mit den gemeinsamen Aktivitäten für WIR-Zeit. Habt ihr schon fest etwas geplant?

1. Kurze Einführung in das Thema des Tages

Erwartungen machen uns das Leben manchmal sehr schwer. Sowohl die Erwartungen, die andere an uns haben als auch die Erwartungen, die wir an andere haben. Ob Erwartungen gerechtfertigt sind, können wir überprüfen, wenn wir uns unsere Verantwortungsbereiche bewusst machen. Kommen wir unserer Verantwortung nicht nach oder mischen uns in den Verantwortungsbereich des anderen ein, ist Ärger vorprogrammiert.

2. Beispiel „Sibille und Peter“

Sibille und Peter

Sibille und Peter sind schon 20 Jahre verheiratet. Sie haben zwei Kinder im Teenie-Alter. Seit Jahren gibt es immer wieder Streit darüber, dass Sibille findet, Peter solle mehr im Haushalt tun. So auch heute. Sibille hängt die Wäsche auf und ruft zu Peter, der im Nebenzimmer Fernsehen guckt: „Hast du den Abfall rausgebracht?“ Keine Antwort. „Peter!“ Keine Antwort.

Noch etwas lauter und genervter: „Peeeeeeeeteer!" Aus dem Wohnzimmer: „Hä?" „Hast du den Abfall rausgebracht?" Peter auch genervt: „Mach ich gleich!" Sibille kommt ins Wohnzimmer. „Gleich. Gleich. Gleich. Das höre ich immer!" Peter schweigt. „Und dann schweigst du." Peter schweigt und sieht weiter Fernsehen. Sibille wird wütend: „Dann mache ich es eben selbst! Seit 20 Jahren habe ich dieses Theater. Mir reicht's!" Sibille bringt den Abfall raus. Draußen trifft sie ihre Nachbarin Heidi und klagt ihr Leid: „Der Faulpelz sitzt schon wieder vor dem Fernseher und hilft nicht!" Heidi schaut Sibille verwundert an. „Aber ich habe ihn heute Morgen Rasenmähen gesehen, Sibille. Oder?" Sibille denkt kurz nach. „Ja, aber das macht ihm ja auch Spaß. Das ist draußen. Aber im Haus hilft er nicht." Heidi weiter: „Und einkaufen war er auch schon." Sibille faucht Heidi an: „Auf wessen Seite bist du eigentlich?" Heidi versucht Sibille zu beschwichtigen: „Och, du Liebe. Sei nicht böse auf mich. Ich frage mich nur, was genau das Problem ist." „Na, dass er den Müll nicht rausbringt, wenn ich ihn bitte. Jedenfalls nicht dann, wenn ich es möchte. Sondern oft erst Stunden später." „Na, aber ist das denn nicht seine Sache?", hakt Heidi nach. „Er ist doch erwachsen." Sibille fühlt sich unverstanden. „Ich muss rein. Ich hab' das Essen auf dem Herd", sagt Sibille etwas eingeschnappt.

Beim Kochen denkt sie aber noch mal über die Worte von Heidi nach. „Was genau ist eigentlich das Problem?", fragt Sibille sich selbst noch mal. „Ist das nicht seine Sache?" Genau das ist es eigentlich. Wessen Verantwortung ist denn der Müll. Doch nicht nur ihre! Und der ganze Haushalt?

3. Übungen zum Thema des Tages

Verantwortungsbereiche bewusst machen und Erwartungen loslassen

In meinen Seminaren und Coachings arbeite ich mit der Unterteilung der Verantwortung in drei Bereiche:

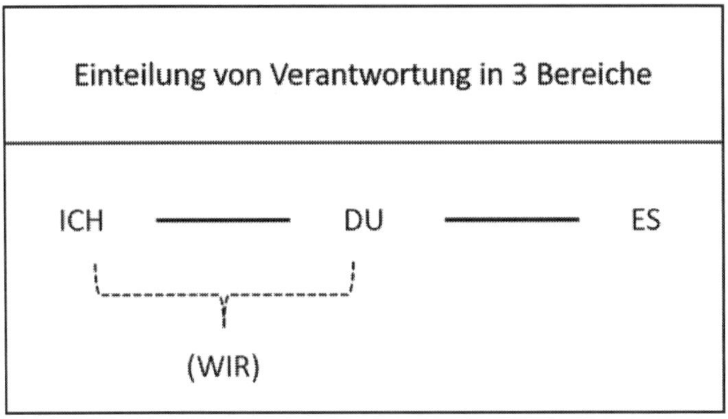

Quelle: eigene Darstellung, © 2022 Yvonne Borowiak - FABELHAFT leben!

Damit meine ich, dass sich alle Verantwortungsbereiche in ICH-Verantwortung, DU-Verantwortung und ES-Verantwortung einteilen lassen.

Unter ICH-Verantwortung fallen Tätigkeiten, die in meinen Machtbereich fallen. Etwas, worüber ich bestimmen kann, wann und wie ich sie ausführe und für die ich alleine die Konsequenzen trage.

Unter DU-Verantwortung fallen Tätigkeiten, die NICHT in meinen Machtbereich fallen. Worüber ein anderer (DU) zu bestimmen hat, wann und wie sie ausgeführt werden und der dann dafür die Konsequenzen trägt.

Und mit ES-Verantwortung meine ich, Dinge, die in den Machtbereich von etwas Größerem fallen wie Natur, Schicksal, Gott, aber auch Organisationen und Systeme wie Politik, Justiz und Sozialsysteme, etc.

Eine WIR-Verantwortung zu formulieren ist problematisch, da die Klarheit verloren geht. Betrachtet man es so, dass sich die WIR-Verantwortung aus ICH- und DU-Verantwortung zusammensetzt und gar keine eigene Kategorie ist, so lässt sich besser über eine Lösung verhandeln. Lass uns das in einem Schaubild am Beispiel „Müll rausbringen" betrachten:

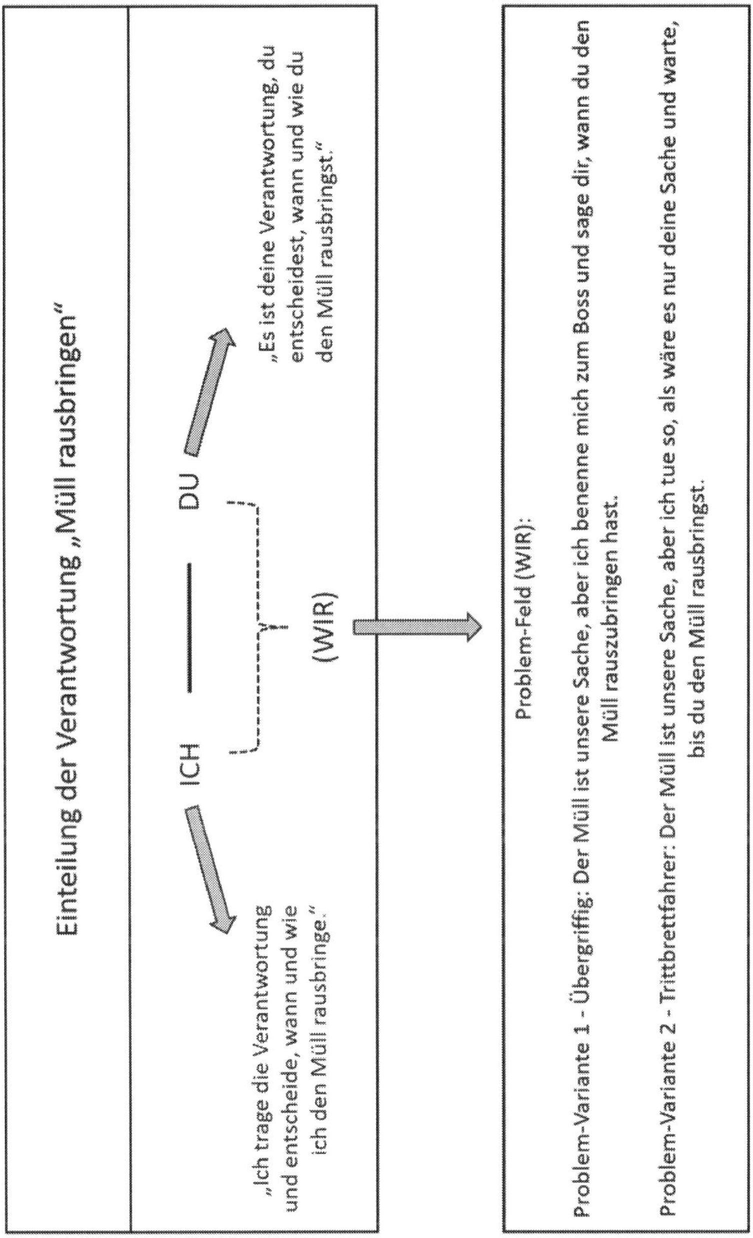

Quelle: eigene Darstellung, © 2022 Yvonne Borowiak - FABELHAFT leben!

Bei Sibille und Peter sind beide Problem-Varianten aufgetaucht. Welche zuerst da war, können wir nicht sagen. Der Müll-Konflikt hat sich jedoch bereits in einen Teufelskreis verwandelt:

Peter ist eher im Trittbrettfahrer-Modus angekommen und wartet, bis Sibille den Müll rausbringt. Er entzieht sich also seiner Verantwortung. Sibille spielt sich als Boss auf und möchte über Peter bestimmen, wann und wie er den Müll rausbringt. Ihr Verhalten ist übergriffig, da sie über Peter bestimmen möchte. Von Teufelskreis-Modell spricht Paul Watzlawick in seinen Büchern über die menschliche Kommunikation (Watzlawick, 2016). Sein berühmtes Beispiel skizziert ein Ehepaar, bei dem sich die Frau darüber beklagt, dass der Mann so häufig abends ausgeht. Der Mann jedoch angibt, er gehe abends weg, weil er die Vorwürfe seiner Frau nicht mehr hören mag. In unserem Beispiel von Sibille und Peter lässt sich dieser Teufelskreis so darstellen:

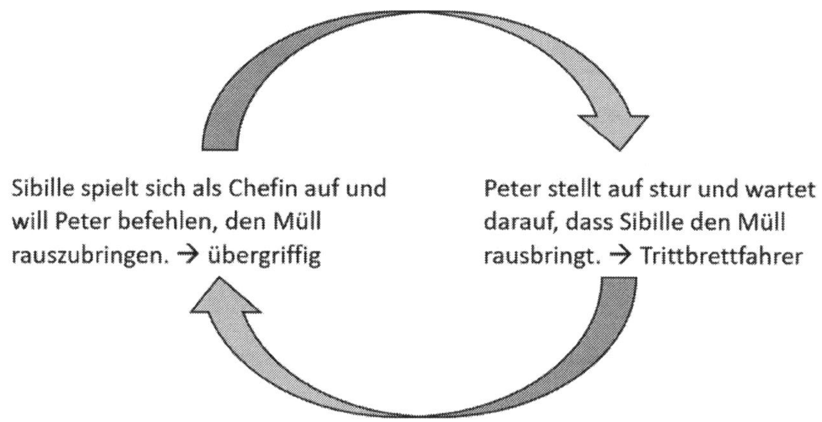

Quelle: eigene Darstellung, © 2022 Yvonne Borowiak - FABELHAFT leben!

Wie kommen Sibille und Peter nun aus diesem Teufelskreis heraus? Zunächst einmal müssen sie klar definieren, dass das Müllrausbringen sowohl eine ICH- als auch eine DU-Verantwortung ist. Wenn beide diese Verantwortung annehmen, können sie sich über Lösungen austauschen. Wichtig hierbei ist, liebevoll sein eigenes Fehl-Verhalten einzugestehen und sich dafür zu entschuldigen. Lösungs-Varianten wären:

1. Kuhhandel: „Ich bringe immer den Müll raus, dafür mähst du immer den Rasen."
2. Führungsperson (Müll-Boss) gemeinsam bestimmen: Einer sagt, wann und wie der Müll rausgebracht wird und der andere akzeptiert das.
3. Kompromiss – Beispielsweise einen verbindlichen Plan erstellen: Immer um 18 Uhr abends wird der Müll rausgebracht, wochenweise im Wechsel, eine Woche Sibille, die andere Woche Peter.

Zudem sollten gemeinsam liebevolle Sanktionen bei Nicht-Einhaltung der Lösung formuliert werden. Die Betonung liegt auf liebevoll. Letztlich sollte so eine Einigung Spaß machen und die Beziehung festigen.

Wenn der Partner nicht gesprächsbereit ist, so bleibt wohl nur, ihn die Konsequenzen seines verantwortungslosen Handelns spüren zu lassen: Zum Beispiel den Müllberg wachsen zu lassen oder den Müll selbst rauszubringen, dafür jedoch seine Wäsche konsequent nicht mehr zu waschen. Damit er merkt, es ist dir wirklich ernst. Ist der Partner grundsätzlich nicht an Lösungen interessiert, solltest du dich fragen: Ist es der richtige Partner für mich? Möchte ich ein Leben (weiter) mit jemanden verbringen, dem es egal ist, was mir wichtig ist? Und der auf meiner Energie mitfahren will?

Und nun du: Raus aus dem Teufelskreis!

Kennst du auch solche Teufelskreise? Worüber streitest du dich immer wieder mit deinem Partner?

Thema: ....

Und wie verhaltet ihr euch dabei konkret? Trage es in dieses Modell ein:

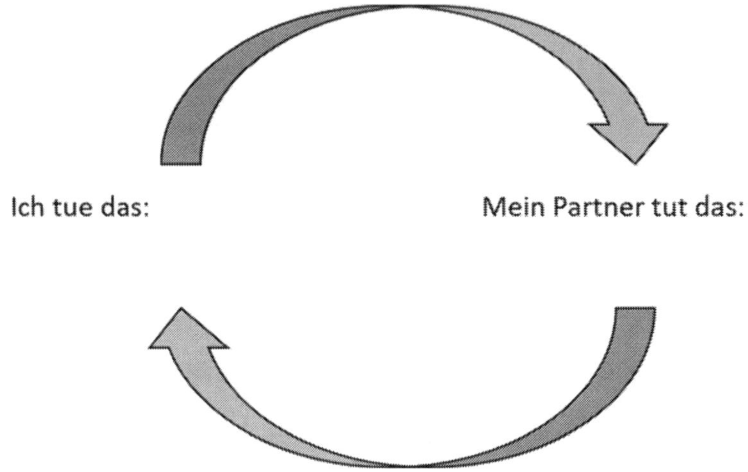

Quelle: eigene Darstellung, © 2022 Yvonne Borowiak - FABELHAFT leben!

Welche Lösungsmöglichkeiten habt ihr?

Kuhhandel: ....

Chef bestimmen:

Kompromiss verbindlich planen:

Welche der Lösungsmöglichkeiten möchtet ihr auswählen? Formuliert abschließend liebevolle Sanktionen gemeinsam, z.B. den anderen massieren, wenn die Absprache nicht eingehalten wurde.

Liebevolle Sanktion:

4. Blitz-Transfer in die Praxis

Besprich die Teufelskreis-Thematik und deine ersten Lösungsvorschläge mit deinem Partner. Hängt euch die vereinbarte Lösung und die liebevolle Sanktion gut sichtbar auf. Reflektiert nach einer Woche, ob ihr euch beide eure Lösung umgesetzt habt und ob sich dadurch etwas positiv verändert hat.

5. Selbstliebe-Tagebuch

Tag 23, Datum:

So fühle ich mich am Abend des heutigen Tages:

- fabelhaft!
- gut
- müde, aber glücklich
- bewölkt
- fix und fertig

Die heutigen Übungen haben mich wie folgt positiv beeinflusst (1= gar nicht; 10 = absolut):

1	2	3	4	5	6	7	8	9	10

Das habe ich heute (über mich) gelernt:

Das möchte ich ab sofort in meinem Alltag verändern / in den Alltag integrieren:

Ich liebe mich heute besonders dafür/Das habe ich heute besonders gut hinbekommen:

Damit habe ich mir heute aktiv gutgetan:

Diese Freude möchte ich mir morgen machen:

Sonstige Notizen/To-dos:

Tag 24 | Sei keine Meckerziege: den Partner so annehmen, wie er ist oder liebevoll loslassen (Saskia und Tim)

0. Wiederholung

- Übe nach deinem „Ich liebe meinen Körper"-Wochenplan. Was steht heute an?
- Gönne dir fünf Minuten an deinem „Selbstliebe-Altar". Tue dort, was du möchtest: In Stille sitzen, etwas anschauen, lesen, anfassen, eine Kerze anzünden etc.
- Reflektiere den gestrigen Tag. Hast du mit deinem Partner darüber gesprochen bzw. miteinbezogen? War er offen dafür? Wenn nicht: Was denkst du darüber?

1. Kurze Einführung in das heutige Thema

Du möchtest dich geliebt fühlen, so wie du bist. Mit all deinen Macken und Schwächen, die dich umso liebenswerter und interessanter machen. Das möchte dein Partner natürlich auch, sich geliebt fühlen. Liebst du deinen Partner, so wie er ist?

Tu dir selbst einen großen Gefallen und versuche deinen Partner nicht zu verändern. Nimm ihn an, wie er ist und lasse falsche Hoffnungen los. Denn ständig wiederholte Kritik und Vorwürfe werden lediglich dich und deinen Partner frustrieren und euch beide viel Energie kosten. Es wird nicht dazu führen, dass dein Partner sich großartig verändert! Wie du gestern gelernt hast, liegt dies in seinem Verantwortungsbereich und du bist machtlos. Du kannst ihn lediglich mürbe reden, doch was hast du davon? Wenn er sich nicht aus tiefstem Herzen heraus verändert, weil er es selbst möchte und ihn deine Worte inspiriert haben, wird die Veränderung nicht von langer Dauer sein. Du wirst dann zur meckernden Mutter und dein Partner zum trotzigen oder folgsamen Kind. Dies ist jedoch keine Beziehung unter Erwachsenen auf

Augenhöhe. Wenn dich zu viele Eigenschaften oder Eigenarten stören, hast du dir eindeutig den falschen Partner ausgesucht oder eure Bedürfnisse und Werte haben sich geändert. Ständig frustriert zu werden ist ungesund und gar nicht liebevoll. Nicht dir gegenüber und nicht deinem Partner gegenüber. Dann überlege dir lieber, wie du ihn liebevoll loslassen kannst. Es gibt dort draußen vielleicht jemanden, der besser zu dir passt. Und bis du ihm begegnest, pflegst du voller Selbstliebe die Beziehung mit dir selbst. Was der Partner für Kleidung trägt, ob er gerne schmust oder welche Interessen er hat, liegt, wie gesagt, sowieso nicht in deiner Hand. Was jedoch in deiner Hand liegt, ist die Entscheidung, ob du mit ihm leben möchtest und kannst. Natürlich gibt es an jedem Partner Aspekte, die man nicht so sehr schätzt. Jedoch sollte man diese zumindest akzeptieren und damit leben können. Vielleicht findest du diese Unzulänglichkeiten sogar süß an ihm, weil sie ihn zu dem Menschen machen, der er ist und in den du dich verliebt hast. Ist das nicht der Fall, so wird es dir viel Kummer und Kraft ersparen, wenn du dir folgenden Rat zu Herzen nimmst: „Nimm deinen Partner so an, wie er ist oder verlasse ihn.“ Aus einem Esel wird kein Rennpferd. Und das ist auch gut so! Esel sind so niedlich! Kannst du deinen Esel voll und ganz akzeptieren und ihn lieben? Und er dich auch? Dann herzlichen Glückwunsch! Rege dich ab sofort nicht mehr über Kleinigkeiten auf, sondern nimm sie lediglich liebevoll wahr.

2. Beispiel ‚Saskia und Tim‘

Saskia und Tim

Saskia verdrehte die Augen, als sie Tim sah. Schon wieder saß er in einer Jogginghose vor der Couch und zockt PS4. Wie schön wäre es, wenn sie nach Hause käme und ihr Freund sie mit einem Candlelight Dinner überraschen würde. Im Anzug würde er dann vor ihr stehen und beim Essen würden sie sich über Kafka und Habermas unterhalten. „Hey Süße, wie war dein Tag? Möchtest du n paar Chips? “, begrüßt Tim sie. Doch ehe sie antworten konnte, schrie Tim: „Ey, wo kommst du her? Ich knall dich ab!“ und er hämmerte auf seinem Controller rum. Saskia blickte sich um: Kleidung und Schuhe lagen herum. Altes Geschirr stand auf dem Tisch. Chips und Pizzakrümel lagen auf der Erde verteilt. „Ah, Mist. Verloren“, sagte Tim. Er sah Saskia erwartungsvoll an: „Was gibt's heute zu essen?“ „Weißt du, Tim, ich frag mich manchmal, warum wir überhaupt zusammen sind.“ „Hä? Ja, um Spaß zu haben und so“, zuckte Tim mit den Schultern. „Ich habe aber keinen Spaß. Ich arbeite, komme nach Hause und räume deinen Dreck weg. Dann koche ich und räume danach die Küche auf.“ Tim genervt: „Die Leier schon wieder. Ich kann das bald nicht mehr hören. Ich zocke zu viel. Trage nur Jogginganzüge, koche nicht ... Aber so war ich doch schon immer. Und du möchtest mich zu einem anderen Menschen verändern. Und ich dachte, kochen und so macht dir Spaß. Aber das musst du nicht. Setz dich zu mir und wir zocken ein wenig zusammen.“ Saskia zuckt mit den Schultern: „Oder du kochst und wir lesen mal ein Buch zusammen.“ Tim guckt sie an, als käme sie von einem anderen Planeten. „Bahh, lesen? Dein Ernst? Was denn? Nicht eins von deinen trockenen Sachbüchern, oder?“ Saskia entgegnete ihm: „Die sind doch spannend. Über Gesellschaft, philosophische Fragestellungen und Religion. Der Sinn des Lebens und so?“ „Wow, hört sich tierisch nach Spaß an!“, lacht Tim. „Ich würde lieber bei dir nach dem Sinn des Lebens forschen“, säuselte er und fing an, Saskia zu befummeln. Saskia schob ihn weg. Tim war enttäuscht: „Du bist so langweilig geworden“, maulte er. „Früher hast du mitgezockt. Wir haben gemeinsam gekrümelt und geknutscht.“ Saskia nickte. Aber jetzt wollte sie etwas anderes. Es kam ihr so vor, dass sie sich verändert hatte und Tim stehengeblieben war. Was konnte sie tun?

3. Übung zum Thema des Tages

Ganz klassisch legte Saskia eine Pro- und Kontra-Liste an. Was mochte sie an Tim noch und was nicht?

Pro Tim	Kontra Tim
nimmt das Leben leicht	zockt zu viel
lässt sie so leben, wie sie möchte	kocht nicht
ist freundlich	ist nicht romantisch
raucht nicht	räumt nicht auf
	keine tiefgründigen Gespräche
	keine gemeinsamen Interessen
	keine Pläne für die Zukunft
	nicht religiös
	ich fühle mich nicht von ihm verstanden

Sie konnte nun jeden Tag mit ihm darüber diskutieren, was ihr fehlte. Aber würde das etwas ändern? Wahrscheinlich würde es Tim nicht einmal verstehen. Sie liebte ihn noch. Aber vielleicht musste sie es beenden, weil sie sich mehr liebte. Und sie blieb in dieser Beziehung definitiv auf der Strecke mit ihren Bedürfnissen. Und letztlich blieb Tim das auch. Denn er wünschte sich von Saskia auch etwas anderes, als sie ihm geben konnte. Selbstliebe bedeutet eben auch, liebevoll loszulassen, wenn man den Partner nicht aus vollem Herzen annehmen kann, ohne sich dabei selbst zu verleugnen.

Jetzt du! Bist du glücklich mit deinem Partner? Oder meckerst du wegen der immer gleichen Dinge ständig an ihm herum? Dann schau genau hin: Wünschst du dir insgeheim wirklich, dass dein Partner sich in wesentlichen Punkten verändern soll, weil du so wie er ist, keine Verbindung mehr spürst? Rufe dir noch mal deine Werte und Bedürfnisse in Erinnerung und beginne eine Liste:

Pro	**Kontra**

Stehen auf der Liste mehr Pros für deinen Partner oder sind es vielleicht weniger, jedoch qualitativ betrachtet viel schwerwiegender als die auf der Kontra-Seite, dann tue dir selbst und deinem Partner den Gefallen und meckere nicht wegen unbedeutender Dinge an ihm herum. Sondern liebe ihn, wie du selbst von ihm geliebt werden möchtest. Stellst du aber fest, dass in der Beziehung wichtige Bedürfnisse und Werte seit langer Zeit auf der Strecke geblieben sind, einfach weil dein Partner diese nicht erfüllen kann oder möchte, so denke darüber nach, ob es nicht besser wäre, loszulassen. Kompromisse sind gut und wichtig – aber nicht bis zur Selbstaufgabe. Frage dich, wie glücklich bist du ohne ihn auf einer Skala von 0-100 % und wie glücklich bist du mit ihm? Sollte der Partner nicht noch Prozentpunkte drauflegen? Bist du unglücklicher mit dem Partner als ohne, warum bist du dann mit ihm zusammen?

Natürlich sollst du nichts über den Zaun brechen und jetzt zu deinem Partner marschieren und dich direkt trennen! Der heutige Tag soll dich inspirieren, genau hinzuschauen, wie du mit deinem Partner umgehst und was er dir wirklich wert ist. Fühlt sich eure Partnerschaft (noch) stimmig an? Für dich und auch für deinen Partner? Frage ihn doch mal. Redet miteinander.

Vielleicht denkst du, dass diese Liste eine ziemlich rationale Herangehensweise ist und Liebe doch etwas anderes ist. Ja, das stimmt! Liebe ist etwas Größeres! Und wenn du deinen Partner lieben kannst, egal, wie er ist und ob ihr gemeinsame Werte habt und euch eure menschlichen Bedürfnisse erfüllt, großartig! Bist du dabei sogar noch glücklich? Und ist dein Partner dabei auch glücklich? Herzlichen Glückwunsch euch beiden! Das ist wirklich FABELHAFT! Ihr schafft es, so viel Selbstliebe für euch aufzubringen, dass ihr von äußeren Dingen in eurem Glück unbeeinflussbar seid. Du darfst dieses Buch direkt zuklappen und zur Seite legen! Ich kann nichts mehr für dich tun. Wenn dies so ist, dann ist es sogar egal, ob du mit deinem Partner zusammen bist oder nicht. Denn du bist mit und ohne ihn vollkommen glücklich. Du hast begriffen, dass wie Osho, ein spiritueller Lehrer, es formuliert, dein Partner nur EINE Ausdrucksweise von Liebe ist (Osho, 2002). Du bist komplett frei! Nur: Dann höre auch auf, mit ihm zu meckern ...!

4. Blitz-Transfer in den Alltag

Schaue im Alltag gut hin, wenn du das Bedürfnis hast, Kritik an deinem Partner zu üben. Überprüfe: Kritisiere ich auf hohem Niveau, obwohl ich mit unserer Beziehung an sich glücklich bin? Dann schau hin, ob du die leeren Diskussionen nicht bleiben lässt. Oder bist du wirklich unglücklich in der Beziehung, weil immer wieder wichtige Bedürfnisse und Werte nicht erfüllt werden? Oder du den Partner sogar eher als große Last empfindest? Dann überprüfe, woran es liegt und ob es von dir zu ändern ist. Oder ob du deinen Partner lieber liebevoll loslässt.

5. Selbstliebe-Tagebuch

Tag 24, Datum:

So fühle ich mich am Abend des heutigen Tages:

- ○ fabelhaft!
- ○ gut
- ○ müde, aber glücklich
- ○ bewölkt
- ○ fix und fertig

Die heutigen Übungen haben mich wie folgt positiv beeinflusst (1= gar nicht; 10 = absolut):

1	2	3	4	5	6	7	8	9	10

Das habe ich heute (über mich) gelernt:

Das möchte ich ab sofort in meinem Alltag verändern / in den Alltag integrieren:

Ich liebe mich heute besonders dafür/Das habe ich heute besonders gut hinbekommen:

Damit habe ich mir heute aktiv gutgetan:

Diese Freude möchte ich mir morgen machen:

Sonstige Notizen/To-dos:

Tag 25 | Der Feind in deinem Bett: Erkenne Beziehungen, die dir nicht guttun

(Selina und Thomas)

0. Wiederholung

- Übe nach deinem „Ich liebe meinen Körper"-Wochenplan. Was steht heute an?
- Gönne dir fünf Minuten an deinem „Selbstliebe-Altar". Tue dort, was du möchtest: In Stille sitzen, etwas anschauen, lesen, anfassen, eine Kerze anzünden etc.
- Gehe noch mal in dich und reflektiere den Tag von gestern. Und? Meckerst du noch oder liebst du einfach?

1. Kurze Einführung in das heutige Thema

Gestern hast du dir bewusst gemacht, ob du mit dem Partner zusammen bist, mit dem du wirklich zusammen sein möchtest und mit dem du glücklich sein kannst. Es sei noch mal betont, dass es nicht darum geht, einen Partner zu finden, der dich glücklich macht, weil er eine Leere in dir füllen soll. Vielleicht könnte man auch sagen, es soll ein Partner sein, der dich zumindest nicht unglücklicher macht, als wenn du alleine wärst. Leider gibt es Menschen, die toxisch für dich sein können. Oft werden Menschen mit narzisstischen Charakterzügen dazugezählt. Letztlich ist es egal, welchen Namen wir vergeben. Es geht einfach darum, dass der Partner, den du an deiner Seite hast, dich wertschätzen und unterstützen sollte. Und es leider Menschen gibt, die nur darauf aus sind, die Energien von anderen auszusaugen. Sie manipulieren, machen dir Schuldgefühle, stellen sich selbst immer als Opfer dar. Sie sind süchtig nach Aufmerksamkeit, egal, ob positive durch Lob und Anerkennung oder negative, weil sie dich traurig oder wütend machen. Hast du solche Menschen in deinem Leben? Dann, du Liebe, lass dich jetzt von mir feste in den Arm nehmen.

Du bist eine Heldin, wenn du solche Menschen über längere Zeit ertragen hast. Denn du trägst eine große Bürde. Wichtig ist es für diese emotionalen Vampiren, dass sie dich ständig damit beschäftigt halten, gedanklich um sie zu kreisen, anstatt um dich oder andere Menschen und Dinge. Sie selbst möchten der ständige Mittelpunkt deines Lebens sein. Sie möchten dich abhängig von ihnen machen durch Abwertungen und indem sie dich selbst dazu bringen, deine Energiesäulen zu schwächen. Das heißt, deine Freunde zu vernachlässigen, dich vielleicht mit deiner Familie zu zerstreiten, deinen Beruf aufzugeben oder dich von einer Karriere oder deiner Berufung abzuhalten. Sogar dich selbst nicht mehr richtig zu pflegen oder schick anzuziehen, weil sie dann eifersüchtig sind oder sie machen sich über deine Spiritualität oder Hobbys lustig etc.

Denke noch mal an Tag 9 dieses Praxisbuches. Dort haben wir die „7 Energiesäulen des Glücks" besprochen. Blättere noch mal zurück. An allen diesen Glückssäulen werden toxische Menschen sägen oder sich hineindrängen wollen.

Lasse es nicht zu! Du bist stark, auch wenn dich dieser Mensch schon geschwächt hat. Du bist eine Heldin, die um ihre Beziehung und Liebe jeden Tag gekämpft hat. Doch jetzt fange an, nicht für euch, sondern für dich selbst zu kämpfen. Du hast gestern gelernt: Du kannst den anderen nicht verändern. Gerade eine toxische Persönlichkeit bleibt meist ohne ernsthafte Therapie eine toxische Persönlichkeit. Möchtest du dich zerstören lassen? Mache dir bewusst, wie stark du bist. Und du wirst von Tag zu Tag stärker – dieses Praxisbuch unterstützt dich dabei! Denn du baust gerade deine Selbstliebe aus und bist somit unabhängig von äußerer (unechter) Liebe. Du kennst deine Werte, deine Bedürfnisse und deine Grenzen. Du hast gelernt, deinem Körper gutzutun und positive Affirmationen aufzubauen usw. Schau, ob die Personen, mit denen du viel Zeit verbringst, dich darin unterstützt haben, diesen Weg der Selbstliebe zu gehen? Hat dich dein Partner darin unterstützt? Oder hat er dir Steine in den Weg gelegt? Sich zum Beispiel darüber lustig gemacht oder es als Blödsinn abgetan?

Ein guter Partner würde dich unterstützen, selbst wenn er es nicht versteht, was du gerade machst. Er würde dir trotzdem Zeit dafür einräumen. Wäre interessiert daran und würde sich für dich freuen, wenn dir dieser Kurs Spaß macht.

Toxische Menschen können sich nicht für andere freuen. Sie würden versuchen, dich davon abzuhalten, da sie nicht möchten, dass du stark wirst. Denn das macht dich unabhängig und ohne sie glücklich. Und somit verlieren sie ihre Macht über dich und Aufmerksamkeit, die du nun nicht ihnen, sondern dir selbst schenkst. Da toxische Menschen keine Liebe und Glück aus sich selbst generieren können. Sie sind die, die eigentlich abhängig von anderen sind, denen sie die Energie aussaugen können.

Der Titel des heutigen Tages lautet: Der Feind in meinem Bett. Damit ist gemeint, dass es sein kann, dass genau der Mensch, den du liebst, für den du alles tun würdest und der dich genauso wertschätzend und liebevoll behandeln sollte, leider genau der ist, der dich schwächt, betrübt und Selbstzweifel in dir sät. Wenn dein Partner ein toxischer Mensch ist, verlierst du dich nach und nach selbst.

Um dich selbst zu retten, musst du dann irgendwann die bittere Wahrheit erkennen:

„Wo kein Gold ist, kannst du auch kein Gold finden." Jeder Versuch, den anderen zu ändern, also nach Gold zu schürfen, z.B. dich ständig zu erklären und etwas richtigstellen zu wollen, nimmt dir die Kraft und schenkt sie dem emotionalen Vampir. Das geht so lange, bis du zusammenbrichst. Und an deinem Zusammenbruch wird der Vampir sich auch noch laben. So hart es klingt.

Noch mal: Du kannst toxische Menschen nicht ändern. Du wirst sie nicht dazu bewegen können, dir die Liebe, Wertschätzung und Unterstützung zukommen zu lassen, die du ganz sicher verdient hast! Liebe dich also selbst! Lasse Menschen los, die dir nicht guttun. Du kannst ihnen vergeben und alles Gute wünschen. Du solltest nicht mit Wut oder Rache an sie zurückdenken. Ohne sie wärst du nicht das, was du heute bist. Jede Erfahrung ist kostbar. Vergebe ihnen um deinetwillen und lasse los. Konzentriere dich von nun an auf dich selbst und deine Energiesäulen. Selbstliebe auszubauen wird dich von Tag zu Tag stärken und glücklicher machen. Lass dir das durch niemanden nehmen.

2. Beispiel „Selina und Thomas"

Selina und Thomas

Selina hatte eine anstrengende Schicht im Altenheim. Als sie nach Hause kam, ließ sie sich ein heißes Bad ein. Das konnte sie noch gerade schaffen, bis Thomas nach Hause kam. Er mochte es nämlich nicht, wenn Selina sich mit anderen Dingen beschäftigte, wenn er zu Hause war. Er bevorzugte es, dass sie dann Zeit für ihn hatte und sie gemeinsam aßen. Gekocht hatte Selina schon gestern. Eintopf. „Das reicht auch noch für heute", sagte sie sich beruhigt. So konnte sie nun baden. An zwei Tagen in der Woche ging Selina arbeiten. Sie war Altenpflegerin und liebte ihre Arbeit. Diese gab Selina Bestätigung und es fühlte sich wunderbar an, etwas Gutes für andere zu tun. Thomas hätte es lieber gesehen, wenn Selina ihre Arbeit nach der Hochzeit ganz aufgegeben hätte. Aber das wollte sie nicht. So gab es einen Kompromiss, dass sie nur noch an zwei Tagen in der Woche arbeiten ginge. Doch immer wieder gab es Sticheleien oder Diskussionen darüber, dass sie ihren Job ganz aufgeben sollte. Selina ließ sich in das warme Wasser gleiten. Das tat so gut! Doch plötzlich hörte sie den Schlüssel in der Haustür. War das etwa Thomas? Er war viel zu früh dran! Selinas Herz pochte. Kurz drauf hörte sie seine Stimme: „Traumfrau?" „Ich, ich bin hier! Im Badezimmer!", rief sie. Und stieg schnell aus der Wanne. Thomas guckte ins Badezimmer: „Dann mal hopp", sagte er, „ich habe Hunger." Selina zog sich an und machte sich hübsch zurecht. Sie trug einen neuen Lippenstift auf. Danach eilte sie in die Küche, um die Suppe aufzuwärmen. Thomas lag auf der Couch und tippte am Handy. „Wie war die Arbeit?", fragte Selina. „Jau", sagte Thomas. Als sie am Esstisch saßen, sah Thomas Selina schmunzelnd an. „Was hast du denn da?“, fragte er sie. „Was denn?“, fragte Selina unsicher. „Na, da. Im Gesicht.“ „Hab ich Suppe verschmiert?“ „So was rotes am Mund“, blaffte er. Selina wurde rot. „Das ist doch Lippenstift. Gefällt er dir?“ „Auf volleren Lippen würde es besser aussehen. Gibt es noch Nachtisch?“ „Wir haben Eis“, sagte Selina geknickt. „Erst muss ich die Suppe von gestern essen und nun gibt es nicht mal einen richtigen Nachtisch? Nun ja, du bist sicher müde von der Arbeit.“ „Ja“, sagt Selina. Thomas stichelte: „Ich sag doch, das überfordert dich.“ Selina kamen die Tränen hoch, doch sie wollte es Thomas nicht zeigen. Doch Thomas bemerkte ihre Tränen. Er nahm sie in den Arm und sagte: „Sei doch nicht so sensibel, Traumfrau. Ich nehme dich doch nur ein wenig auf den Arm. Weißt du was? Ich gebe dir zehn Euro und du gehst jetzt los und kaufst dir mal n schönen Blumenstrauß. Das muntert dich auf. Ok?“ Selina lächelte. „Ok. Danke. Brauchst du auch irgendetwas?“ „Ein leckerer Nachtisch wäre cool. Das Tiramisu von unserem Lieblingsitaliener. Da kommst du doch dran vorbei, wenn du zum Blumengeschäft gehst“, sagte Thomas. Am Abend versuchte Thomas sich Selina körperlich zu nähern. Sie schob ihn weg. „Ich bin wirklich müde, Thomas“, sagte sie. Thomas war beleidigt. „Na toll. Ich schenke dir Blumen und du bist zu müde, um dich dafür richtig zu bedanken? Morgen kündigst du erst mal. Damit du deinen ehelichen Pflichten wieder ordentlich nachkommen kannst. Sonst nehme ich mir eine Geliebte“, herrschte er sie an und drehte sich grummelnd zur Seite. Selina drehte sich auch um. Tränen liefen ihr die Wange runter. Sie fühlte sich schlecht. Nie konnte sie Thomas etwas recht machen. Vielleicht müsse sie sich wirklich wieder etwas mehr auf ihn anstatt auf die Arbeit konzentrieren? Traurig weinte sie in ihre Kissen.

3. Übung zum Thema des Tages

Hast du auch einen Feind in deinem Bett? Ich habe hier mal vier Anzeichen für toxische Partner aufgelistet. Schaue, ob du deinen Partner hier wiedererkennst.

1. Dein Partner stellt sich gerne in den Mittelpunkt nicht nur seines, sondern auch deines Lebens! Alles hat sich immer nur um ihn zu drehen, selbstverständlich auch du.

2. Geht es dir schlecht und brauchst du etwas Fürsorge oder Hilfe, wird er dein Bedürfnis kleinreden oder sich darüber lustig machen. Denn schließlich sind weder deine Bedürfnisse wichtig, noch deine Probleme so gewichtig wie seine!

3. Hilft er dir doch einmal oder gibt dir das Gefühl, dich ernst zu nehmen und mit dir mitzufühlen, zeigt sich kurze Zeit später, dass es doch nur zu seinem Vorteil war. Oder er erwartet im Gegenzug etwas von dir und holt sich doppelt und dreifach zurück, was er für dich getan hat. Glaube mir, er rechnet genau auf, was sich für ihn lohnt.

4. Fühlst du dich gut, bist zufrieden mit dir selbst oder hast gar Erfolge erzielt? Er wird sicher einen Weg finden, dich emotional runterzuziehen und deinen Erfolg klein dastehen zu lassen. Definitiv wird er sich nicht aufrichtig mit dir freuen können, auch wenn er vor anderen so tut.

Betonen möchte ich, dass ich keine Therapeutin bin, sondern Coach und es mir nicht darum geht, eine psychische Störung bei deinem Partner festzustellen. Das geht per Ferndiagnose sowieso nicht. Also gehe bitte nicht zu ihm und sage, hier steht, dass du ein Narzisst bist, weil du alle vier Punkte erfüllst. Nimm es als Inspiration, um dich mehr über toxische Menschen zu informieren und deine Beziehung zu hinterfragen. Es geht mir sowieso gar nicht um deinen Partner. Es geht mir um dich! Ich möchte dich dabei unterstützen, herauszufinden, ob du einen Partner hast, der dich mit aufrichtiger Liebe und Wertschätzung behandelt. Wenn ja, dann herzlichen Glückwunsch! Ich freue mich sehr für dich! Falls nein, frage dich: Möchte ich einen Partner an meiner Seite, der mir nicht guttut, sondern mir jeglichen Selbstwert und alle Energie raubt? Bin ich mir nicht mehr wert?

4. Blitz-Transfer in den Alltag:

Ist dir noch unklar, ob dein Partner schädlich für dich ist? Dann suche dir professionelle Beratung. Bist du dir schon ziemlich sicher, dass du einen Feind in deinem Bett hast und du bist zu dem Entschluss gekommen, dass du dich lösen möchtest, so schaue dir diese fünf Tipps dazu an, die ich aufgrund meiner Erfahrungen zusammengestellt habe und die auch dir helfen könnten:

1. Nicht reden, sondern HANDELN! Diskutieren bringt rein GAR NICHTS! Geredet hast du ja schon Jahre oder Jahrzehnte in der Hoffnung, er wird dich irgendwann mal verstehen und sich dann ändern. Hier ist nun die Stelle, wo du gerne mal über dich selbst lachen darfst! Denn im tiefsten Innern ist dir diese Naivität doch wirklich total bewusst!

2. Kümmere dich um dich selbst! Jetzt! Jeden Tag! Tue das, was dir Kraft gibt und dir Freude bringt. Die meiste Zeit am Tag! Baue deine „7 Energiesäulen des Glücks" ab sofort wieder auf! Nutze deine Energie für Dinge, die dich wieder stark und unabhängig machen. Komme wieder in deine volle Größe!

3. Entziehe IHM komplett deine Hilfe, Aufmerksamkeit und vor allem Zeit! Entziehe ihm die Bühne für sein Drama. Bestenfalls begebe dich in völligen Kontaktabbruch! Rede auch nicht mit Freunden etc. über ihn. Das füttert nur negative Energien. Sprich aber mit professionellen Personen, die dich kompetent unterstützen können (siehe Punkt 5).

4. Trenne dich sobald wie möglich komplett räumlich und von gemeinsamen Bindungen! Das heißt: Wohnung/ Haus, Finanzen, Hobbys, Freunde/ Bekannte, Familie und andere gemeinsame Themen und Projekte. Sei auch auf keinen Fall von ihm in irgendeiner Art und Weise abhängig. Denn er wird dies gegen dich verwenden und dich nach seiner Pfeife tanzen lassen. Solltet ihr Kinder haben, ist dies besonders schwierig, denn er wird sie wahrscheinlich benutzen, um dich heraus zu

fordern. Beschränke trotzdem den Kontakt mit ihm auf wenige rein organisatorische Sätze über die Kinder! (siehe dazu auch Tag 29 – gelassener Umgang mit Expartnern)

5. Nimm professionelle Hilfe an! Beratungsstellen, Opferhilfe, Coaching, Therapeut können helfen und vor allem eine gute Anwältin, wenn dein Partner zu Aggressionen neigt! Wenn es ganz arg kommt, kann diese auch ein Näherungsverbot bewirken. Freunde und Familie sind nur bedingt geeignet, vor allem, wenn sie unter seinem Einfluss stehen. Oft sind diese einfach selbst mit der Situation überfordert.

6. Schaue unbedingt hin und reflektiere, was dein Anteil an einer solchen Beziehung ist. Ich spreche nicht von Schuld, denn jeder kann an einen toxischen Partner geraten, sie sind Meister im Manipulieren. Trotzdem solltest du dir die Frage stellen: Warum bleibst du bei Menschen, obwohl sie dich nicht gut behandeln? Und ich weiß, zuerst sind sie sehr charmant und legen dir die Welt zu Füßen! Und das macht süchtig. Damit du aus dieser Sucht herauskommst, löse auf, welche negativen Glaubenssätze und unerfüllten Bedürfnisse dahinterstecken und übe dich weiter in Selbstliebe. Denn sonst ist die Wahrscheinlichkeit hoch, dass du nicht von ihnen loskommst oder der nächste Partner wieder jemand mit toxischen Zügen ist. Gerade sehr fürsorgliche, liebevolle Frauen, die viel und gerne geben, sind ein willkommenes Fressen für sie.

Du bist eine Heldin! Ich bin mir ganz sicher, du schaffst das! Du hast den Willen, dein Leben umzugestalten und dich selbst zu lieben - sonst hättest du dieses Praxisbuch nicht gekauft! Der erste Schritt ist also getan! Sei stolz auf dich! Du hast bereits hart an dir und deinem Glück gearbeitet. Mach bitte weiter so!

Und melde dich gerne bei mir, wenn du noch intensivere Unterstützung von mir möchtest – ich bin für dich da: www.yvonne-borowiak.com

5. Selbstliebe-Tagebuch

Tag 25, Datum:

So fühle ich mich am Abend des heutigen Tages:

- fabelhaft!
- gut
- müde, aber glücklich
- bewölkt
- fix und fertig

Die heutigen Übungen haben mich wie folgt positiv beeinflusst
(1= gar nicht; 10 = absolut):

1	2	3	4	5	6	7	8	9	10

Das habe ich heute (über mich) gelernt:

Das möchte ich ab sofort in meinem Alltag verändern / in den Alltag integrieren:

Ich liebe mich heute besonders dafür/Das habe ich heute besonders gut hinbekommen:

Damit habe ich mir heute aktiv gutgetan:

Diese Freude möchte ich mir morgen machen:

Sonstige Notizen/To-dos:

REFLEXION WOCHE 5:

Reflexions-Baukasten „Selbstliebe und Partnerschaft“

Du hast nun einige Elemente kennengelernt, die dazu beitragen, eine Partnerschaft positiv zu gestalten oder liebevoll loszulassen. Lass uns diese nun noch mal in einem kleinen Schaubild zusammentragen:

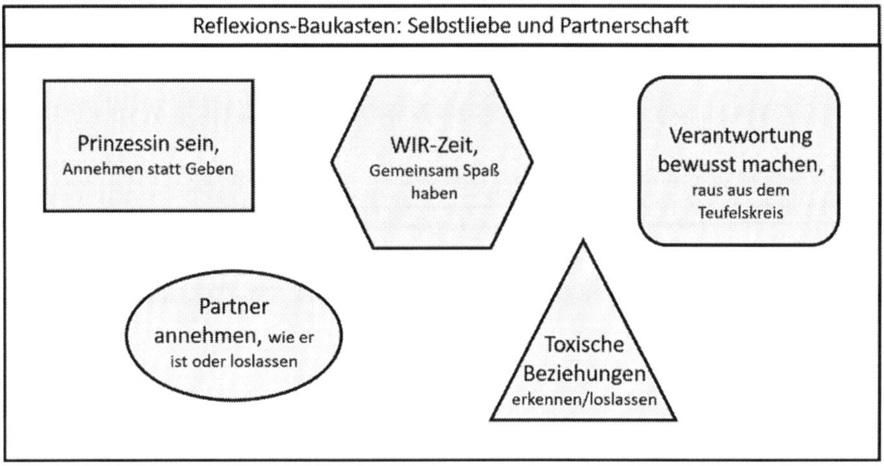

Quelle: eigene Darstellung, © 2022 Yvonne Borowiak - FABELHAFT leben!

Male die Elemente grün an, deren Themen dir bereits klar sind und die du schon recht gut umsetzen kannst. Male rot an, was dir noch nicht ganz klar ist oder was du noch nicht für dich zufriedenstellend umsetzen kannst, woran du jedoch momentan gerne weiterarbeiten möchtest. Lasse die Elemente grau, die für dich momentan nicht relevant sind.

Für jedes grüne Element sage dir: „Herzlichen Glückwunsch! Das mache ich bereits fabelhaft!“

Für jedes rote Element, sage dir: „Interessant, das schaue ich mir beizeiten noch mal an und freue mich auf meine Entwicklung.“

WOCHE 6:

Selbstliebe und Freunde, Eltern, Chef, Expartner, Kinder ...

Die letzte Woche unseres „Mehr Selbstliebe in 30 Tagen"-Praxisbuches beginnt! Wow, 25 Tage sind geschafft! Du hast es bis hier durchgehalten und in deinem Leben und deiner Einstellung wird sich schon einiges verändert haben. In den letzten fünf Tagen möchte ich dich dabei unterstützen, Beziehungen mit anderen zu reflektieren und zu lernen, deine Selbstliebe dafür einzusetzen, anderen selbstbewusst und gelassen zu begegnen.

An Tag 26 wirst du erkennen, dass andere wie ein Spiegel für deine eigenen Themen fungieren können, und du wirst lernen, wie du mit solchen Triggern umgehen kannst.

An Tag 27 fährst du deine gelernte stolze Weiblichkeit (erinnere dich an Tag 7) komplett hoch, um Erwartungen anderer an dir abprallen zu lassen und anderen entspannt zu vergeben.

Wie du dich selbstbewusst vor Anforderungen im Job schützt, übst du an Tag 28 und wie du sachlich und entspannt mit Ex-Partnern umgehen kannst an Tag 29.

Zu guter Letzt greifen wir am Tag 30 ein spezielles Thema auf und zwar wie du als Mutter in der Kindererziehung konsequent, aber liebevoll reagieren kannst und greifen dort die Themen Nein sagen und Ja sagen von Tag 19 und 20 noch mal auf.

Also, atme tief durch und los geht es mit Marta und ihrer Freundin in die Disco ... Viel Spaß!

Tag 26 | Im Spiegel der Freunde: Lerne wie du mit Triggern umgehen kannst (Marta)

0. Wiederholung:

- Übe nach deinem „Ich liebe meinen Körper"-Wochenplan. Was steht heute an?
- Gönne dir fünf Minuten an deinem „Selbstliebe-Altar". Tue dort, was du möchtest: In Stille sitzen, etwas anschauen, lesen, anfassen, eine Kerze anzünden etc.

1. Kurze Einführung in das heutige Thema

Manchmal regen wir uns über das Verhalten anderer auf oder werten sie ab. Das hat jedoch nichts mit dem Verhalten der anderen zu tun, sondern mit uns selbst. Die anderen fungieren als Spiegel deiner eigenen Themen. Robert Betz nennt diese anderen Personen dann lustigerweise „Arschengel". „Arsch", weil sie dich natürlich wütend machen, weil sie deine Themen triggern. „Engel", weil du so die Chance bekommst, dir deiner Themen bewusst zu werden und somit die Möglichkeit hast, an ihnen zu arbeiten. Ich möchte jedoch anstatt „Arschengel" lieber „Seelen-Spiegel" sagen, da die Themen deiner Seele in den anderen gespiegelt werden. Sie sind also weder „Arsch" noch „Engel". Sie sind einfach nur da. Und wie du auf sie reagierst, spiegelt die Themen wider, die du in dir noch auflösen musst. Schaue also gut hin, wenn du etwas an anderen kritisierst oder über sie lästerst.

2. Beispiel „Marta"

Marta

Marta und ihre Freundin Beate gehen heute zusammen aus. Sie wollen in einen Club, um zu Tanzen. Marta hat gar keine richtige Lust, weil sie weiß, dass Beate sowieso der Mittelpunkt sein wird.

Sie wird alle Blicke auf sich ziehen und flirten. Und sie, Marta, würde sich wieder nur wie ein hässliches Anhängsel vorkommen. Marta gab sich heute besonders Mühe bei ihrem Outfit. Sie war extra beim Friseur gewesen und hatte sich neue High-Heels gekauft. Nun zwängte sie sich gerade in ihr „kleines Schwarzes". Beate holt Marta um 21 Uhr ab. Natürlich sah sie umwerfend aus, obwohl sie gar nicht aufgebrezelt war. Sie hatte einen Jeansrock und ein T-Shirt an, dazu Turnschuhe. Die lockigen Haare struwwelten ungebändigt um ihren Kopf. „Fertig?", fragt Beate munter. „Ja, los geht's", antwortet Marta. Im Club angekommen holen sie sich zwei Drinks. Doch kaum sitzen sie, springt Beate wieder auf. „Oh, das ist ein toller Song! Komm!", sagt sie zu Marta und will sie auf die Tanzfläche ziehen. „Nee, ich trinke erst mal was", antwortet diese. „Ok. Dann bis gleich", ruft Beate und hüpft zur Tanzfläche. Sie tanzt ausgelassen und singt mit. Marta beobachtet die Leute um sie herum. Der Club war noch recht leer. Nur drei Personen auf der Tanzfläche, aber das macht Beate nichts. Ausgelassen gibt sie sich der Musik hin. Die ersten Männer stellen sich bereits in ihrer Nähe auf. Zwei beginnen unbeholfen, sie anzutanzen. Beate bemerkt das kaum, denn wenn sie tanzt, gibt es nichts anderes um sie herum. Erst als sich einer der Männer so platzierte, dass sie versehentlich in ihn hereintanzte, bemerkte sie das Interesse. Sie ließ den Mann stehen und kam zu Marta. „Boah, mich nervt total, dass sich ständig Typen aufdrängen müssen", sagt sie etwas genervt. „Passiert mir nicht", zuckt Marta mit den Schultern. „Kann daran liegen, dass du sie irgendwie dazu aufforderst." „Hä? Ich tanze einfach", sagte Beate sichtlich irritiert. „Ja, aber wie. Du musst immer der Mittelpunkt sein", fügt Beate ihrer Bewertung hinzu. „Ich muss gar nix. Ich tanze einfach. Warum bist du so schnippisch zu mir?" „Weil du gar nicht mitbekommst, wie du auf andere wirkst. Tanz halt nicht so aufreizend, wenn sich dir keiner näher soll", fährt Beate fort. „Ich kann mich ja auch zusammenreißen." „Ach so, es ist also meine Schuld. Weil ich ganz im Tanzen aufgehe, anstatt mich zusammenzureißen. Bestenfalls sitze ich wie du ganz verkniffen an der Bar und beobachte, anstatt selbst Spaß zu haben." „Ich bin nicht verkniffen", schnappt Marta zurück. „Ich habe Spaß!" „Kommt aber nicht so rüber. Warum kritisierst du mich, anstatt deinem Herzen zu folgen und auch frei zu tanzen? Du bist doch nur eifersüchtig. Schaff dir mal ein Selbstbewusstsein an!", ruft Beate Marta noch wütend entgegen, bevor sie wieder auf der Tanzfläche verschwand, die sich langsam füllte. Marta kommt sich nun irgendwie dumm vor. Was genau regte sie wirklich auf? Beate hatte doch wirklich nichts Schlimmes getan. Sie war nur sie selbst und ging ganz im Moment auf. Hatte Beate recht und sie war nur eifersüchtig auf sie, weil sie sich selbst nicht traute, einfach drauf los zu tanzen? Marta kippt ihren Drink runter, stand auf, atmet tief durch und folgt Beate auf die Tanzfläche. Noch etwas schüchtern beginnt sie zu tanzen. Ganz wohl fühlt sie sich noch nicht. Sie interessiert immer, was die Leute von ihr halten, anstatt einfach ganz bei sich zu sein. „Sorry!", ruft sie Beate zu. „Schon gut", lenkt Beate ein. „Schwamm drüber! Toll, dass du jetzt auch tanzt!", sie nimmt Marta bei den Händen und wirbelt sie herum. Langsam wird Marta lockerer. Sie kann sich eigentlich eine Menge von Beate abgucken, anstatt sie kleinmachen zu wollen. Sie drückt Beate: „Danke, dass du nicht böse auf mich bist". Beide tanzen ausgelassen weiter und vertreiben gegenseitig die Typen, die aufdringlich werden wollen.

☑ 3. Übung zum Thema des Tages

Du hast sicher schon von Byron Katie gehört. Sie verfolgt in ihren Büchern das Konzept „The Work" und arbeitet unter anderem mit Umkehrungen von dem, was wir glauben. So möchte sie aufzeigen, dass es nicht unbedingt wahr ist, was wir glauben. Das Gegenteil könnte auch wahr sein. The Work ist sehr komplex und die Methode werde ich hier nicht wiedergeben. Aber allgemein das Bilden von Umkehrungen als Methode, um deine Themen zu erkennen, möchte ich in dieser Übung heranziehen. So hast du eine Möglichkeit, deine negativen Bewertungen anderer oder Auseinandersetzungen mit anderen hinterfragen zu können. Was will dir der „Seelen-Spiegel" sagen?

Schauen wir uns das Beispiel von gerade noch mal an. Marta könnte formulieren:

„Beate möchte immer im Mittelpunkt stehen."

Umkehrungen könnten dann sein:

„Beate möchte nicht immer im Mittelpunkt stehen." Oder:

„Ich möchte immer im Mittelpunkt stehen."

Und nun kann Martha sich fragen: „Wie fühlt sich das an, wenn ich ganz tief in diese Umkehrungen hineinspüre." Könnten diese Sätze genauso wahr sein?

In unserem Beispiel ist Marta bewusst geworden: „Ja, eigentlich möchte ich selbst im Mittelpunkt stehen. Deshalb bin ich eifersüchtig auf Beate. Das ist aber mein Thema. Beate möchte gar nicht im Mittelpunkt stehen. Sie will einfach nur tanzen." Beate war mein „Seelen-Spiegel", denn sie hat meine Themen „niedriges Selbstwertgefühl" und „Hunger nach Aufmerksamkeit" gespiegelt und mir so geholfen, es mir bewusst zu machen.

Rufe dir nun eine Situation in Erinnerung, wo dich jemand aufgeregt hat oder du über jemanden gelästert hast. Überlege:

Was genau war das Thema?

Wie hat sich der/ die andere verhalten oder gesagt?

Was genau, hat dich daran geärgert?

Fasse es in einem Satz zusammen: _

„ .... (Person) möchte/ ist...

"

Und nun probiere zwei Umkehrungen:

1.

2.

Und? Wie fühlt sich das an?

Könnten sie nicht genauso wahr sein?

Ist dir etwas über dich selbst dadurch klar geworden? Was war dein Thema, welches gespiegelt wurde?

4. Blitz-Transfer in den Alltag

Wenn du dich im Alltag über jemanden aufregst, hinterfrage dich, ob dies ein „Seelen-Spiegel" sein könnte und bilde einen klaren Satz, was dich genau gerade aufregt. Und dann finde zwei Umkehrungen und spüre hinein. Könnte das Gegenteil von dem, was du denkst, auch wahr sein? Was sagt das über dich aus? Was kannst du daraus lernen?

5. Selbstliebe-Tagebuch

Tag 26, Datum:

So fühle ich mich am Abend des heutigen Tages:

- ○ fabelhaft!
- ○ gut
- ○ müde, aber glücklich
- ○ bewölkt
- ○ fix und fertig

Die heutigen Übungen haben mich wie folgt positiv beeinflusst
(1= gar nicht; 10 = absolut):

1	2	3	4	5	6	7	8	9	10

Das habe ich heute (über mich) gelernt:

Das möchte ich ab sofort in meinem Alltag verändern / in den Alltag integrieren:

Ich liebe mich heute besonders dafür/Das habe ich heute besonders gut hinbekommen:

Damit habe ich mir heute aktiv gutgetan:

Diese Freude möchte ich mir morgen machen:

Sonstige Notizen/To-dos:

Tag 27 | Erwartungen der Eltern liebevoll an sich abprallen lassen und vergeben (Alexandra)

0. Wiederholung:

- Übe nach deinem „Ich liebe meinen Körper"-Wochenplan. Was steht heute an?
- Gönne dir fünf Minuten an deinem „Selbstliebe-Altar". Tue dort, was du möchtest: In Stille sitzen, etwas anschauen, lesen, anfassen, eine Kerze anzünden etc.
- Reflektiere den gestrigen Tag. Sind dir Themen in einem „Seelen-Spiegel" deutlich geworden?

1. Kurze Einführung in das heutige Thema

Gerade die Beziehung zu den Eltern gestaltet sich manchmal etwas schwierig. Das Problem ist, dass die Gefahr besteht, dass wir aus der, ich nenne es „Eltern-Kind-Machtasymmetrie" nicht herausgewachsen sind. Somit agieren die Eltern immer noch von oben herab, als die, die angeblich alles besser wissen und die Kinder machen sich klein und begeben sich weiterhin in die Rolle des Kindes. Sie reagieren trotzig oder folgen brav den Erwartungen der Eltern.

2. Beispiel „Alexandra"

Alexandra

Alexandra bekommt heute von ihren Eltern Besuch. Sie weiß, das wird Ärger geben, denn Alexandra hatte ihren Job als Bankkauffrau gekündigt und sich als Fotografin selbstständig gemacht. Nun steht sie finanziell nicht so gut da, wie zuvor, hatte aber große Freude an ihrer Arbeit. Jeden Morgen stand sie nun gerne auf und freute sich auf den Tag. Zudem hatte sie ihren Mann Hugo verlassen, mit dem sie schon lange nicht mehr glücklich war und ihr Leben komplett umgestellt. Ihre Mutter mochte Hugo sehr. Und sie erzählte überall voller Stolz, dass ihre Tochter bei der Bank arbeitete. Als Alexandra später ihren Eltern von ihrem neuen Leben berichtet, schmettert ihre Mutter ihr direkt entsetzt entgegen:

„Kind, du bist dumm, wenn du dich so verhältst und undankbar, dass du nicht siehst, was ich alles für dich getan habe, was du jetzt wegwirfst!" Alexandra lächelt. Sie atmet tief in sich hinein. Sie weiß, dass ihre Mutter mit ihren Worten viel mehr von sich selbst verriet als von Alexandra. Was auch immer eine große Leere in ihrer Mutter ausgelöst hatte, es war nicht Alexandras Aufgabe, diese Leere zu füllen, indem sie weiterhin die Vorzeige-Tochter spielte. Da sie das Leiden ihrer Mutter sah, welches sie mit ihren Worten zum Ausdruck brachte, konnte sie jedoch nicht wirklich böse auf sie sein. Sie vergab ihr ihre rauen Worte und spricht sanft:

„Mama, es tut mir leid, dass es dich verletzt, wie ich mein Leben führe. Jedoch ist es mein Leben und ich bin glücklich, wie es nun ist. Ich würde mich freuen, wenn du deine Erwartungen an mich loslassen könntest und wahrnimmst, wie zufrieden ich mit meinem neuen Leben bin. Und dich einfach für mich freust."

„Dann mach mal weiter so! Du wirst sehen, wo dich das hinführt, wenn du nicht auf mich hörst", blockt ihre Mutter ab. „Komm Ingo, wir gehen."

Ihr Vater steht auf und sagt zu Katharina: „Ich freue mich, dass du deine Arbeit liebst und glücklich bist. Wenn du etwas brauchst, dann melde dich bei mir. Du kennst ja deine Mutter. Nimm dir ihre Worte nicht zu Herzen." Er gibt Katharina einen Kuss auf die Stirn und folgt seiner Frau.

3. Übung zum Thema des Tages

Ist deine Beziehung zu deinen Eltern oder einem Elternteil auch manchmal angespannt? Schaue dir an, ob es daran liegt, dass ihr noch die Eltern-Kind-Machtasymmetrie, wie ich sie in der Einführung beschrieben habe, lebt. Oder ob ihr sogar die umgedrehte Eltern-Kind-Machtasymmetrie lebt. Damit meine ich, dass die Eltern plötzlich als Kinder behandelt werden. Hast du immer wieder Streitgespräche mit einem Elternteil? Wenn ja, so rufe dir hier nun eine Situation in Erinnerung. Und dann:

1. Mache dir bewusst, dass durch Machtasymmetrien Konflikte entstehen können, denn ihr begegnet euch nicht auf Augenhöhe.
2. Durch eine Machtasymmetrie mischt sich einer in den Verantwortungsbereich des anderen ein. Siehe dir dazu auch Tag 23.
3. Lösen lässt sich dieser Konflikt, indem darüber offen gesprochen wird und beide Gesprächspartner ab sofort darauf achten, auf der Erwachsenenebene zu kommunizieren, das heißt wertschätzend die Entscheidungen und Ansichten des anderen zu akzeptieren.
4. Ist der andere (Vater oder Mutter) nicht dazu in der Lage, mit dir auf Augenhöhe zu kommunizieren und sich aus der Machtasymmetrie zu lösen, so vergebe ihm/ ihr liebevoll.
5. Kommen solche Streitgespräche öfter vor und kosten sich viel Kraft, so minimiere die Besuche, um dich zu schützen und hole dir Kraft aus deinen „7 Energiesäulen des Glücks". Akzeptiere, dass deine Eltern/ ein Elternteil eher zu den Energiefresserchen gehören. Nimm es liebevoll an und lasse die Erwartung los, dass sie zu Energiesäulen werden. Mache dir bewusst, dass du kein Kind mehr bist und nicht mehr emotional auf sie angewiesen bist. Du hast andere Strategien entwickelt, um dir Liebe zu geben.

In unserem Beispiel versucht Alexandra bereits, ihrer Mutter klar zu machen, dass sie sich in ihr Leben und somit in Alexandras Verantwortungsbereich nicht einmischen soll. Alexandra setzt also der Mutter freundlich, aber bestimmt eine Grenze (siehe hierzu auch noch mal die Technik der ICH-Botschaften von Tag 18). Die Mutter verfällt jedoch nun in eine kindliche Reaktion und antwortet trotzig: „Du wirst schon sehen, was du davon hast."

Der Vater nimmt es der Mutter nicht böse, obwohl er mit ihrer Reaktion auch nicht einverstanden ist. Er hat jedoch erkannt, dass die Mutter, aus welchem Grund auch immer, momentan nicht anders reagieren kann. Das soll es Alexandra leichter machen, ihrer Mutter die harte Reaktion zu vergeben. Alexandra hatte schon vorher erkannt, dass es nicht ihr, sondern das Problem ihrer Mutter ist und bleibt deshalb entspannt, denn sie nimmt die Aussagen ihrer Mutter nicht persönlich. Zudem ist sie voller Selbstliebe und deshalb nicht auf die Meinung ihrer Mutter angewiesen. Selbstliebe lässt und anderen entspannt vergeben und Erwartungen an uns abprallen.

4. Blitz-Transfer in den Alltag

Achte im nächsten Kontakt mit deinen Eltern oder Elternteil darauf, dass du ganz bei dir bleibst. Nimm ihre Worte nicht persönlich und erkenne die Machtasymmetrie, die vielleicht eurer Beziehung kennzeichnet. Bemühe dich um ein Gespräch auf Augenhöhe (Erwachsenenebene) und vergib, wenn deinem Gegenüber oder vielleicht auch dir selbst es nicht gelingt. Achte voller Selbstliebe auf deinen Energiehaushalt und habe lieber wenige und kurze Treffen mit deinen Eltern, als dass du im Kontakt zu viel Kraft lässt. Schaust du mit Liebe auf sie und ihre Unvollkommenheit, kannst du ihr Verhalten vielleicht sogar süß finden und es kostet dich gar keine Kraft, weil du voller Selbstliebe völlig in dir ruhst. Das wünsche ich dir von Herzen.

5. Selbstliebe-Tagebuch

Tag 27, Datum:

So fühle ich mich am Abend des heutigen Tages:

- fabelhaft!
- gut
- müde, aber glücklich
- bewölkt
- fix und fertig

Die heutigen Übungen haben mich wie folgt positiv beeinflusst (1= gar nicht; 10 = absolut):

1	2	3	4	5	6	7	8	9	10

Das habe ich heute (über mich) gelernt:

Das möchte ich ab sofort in meinem Alltag verändern / in den Alltag integrieren:

Ich liebe mich heute besonders dafür/Das habe ich heute besonders gut hinbekommen:

Damit habe ich mir heute aktiv gutgetan:

Diese Freude möchte ich mir morgen machen:

Sonstige Notizen/To-dos:

Tag 28 | Umgang mit fordernden Chefs: mit der „Pling-Plong"-Methode Alternativen finden (Katharina)

0. Wiederholung

- Übe nach deinem „Ich liebe meinen Körper"-Wochenplan. Was steht heute an?
- Gönne dir fünf Minuten an deinem Selbstliebe-Altar. Tue dort, was du möchtest: In Stille sitzen, etwas anschauen, lesen, anfassen, eine Kerze anzünden etc.
- Reflektiere den gestrigen Tag. Zu welcher Entscheidung bist du gekommen? Kannst du liebevoll und gelassen Streitgespräche mit deinen Eltern betrachten? Oder minimierst du die Kontakte?

1. Kurze Einführung in das heutige Thema

Das Berufsleben hat sich stark gewandelt. Wertschätzung und Lob gehören in vielen Betrieben der Vergangenheit an. Die Arbeit hat sich sehr verdichtet, da immer mehr Personal abgebaut und die Arbeit auf wenige Schultern verteilt wird. Wird nun noch jemand krank oder hat Urlaub, ist die Arbeit kaum noch zu bewältigen. Wie kann es gelingen, in so einem Umfeld nicht krank zu werden? Wie kann ich in einem solchen Umfeld darauf achten, liebevoll mit mir selbst umzugehen?

Vielleicht kennst du das bekannte Gelassenheitsgebet von dem Theologen und Philosophen Reinhold Niebuhr (1892-1971):

„Gott, gib mir die Gelassenheit, Dinge zu akzeptieren, die ich nicht ändern kann, den Mut, Dinge zu ändern, die ich ändern kann, und die Weisheit, das eine vom anderen zu unterscheiden."

Immer dann, wenn du merkst, eine Situation tut dir über längeren Zeitraum nicht gut, hast du drei Möglichkeiten, damit umzugehen:

1. Mutig ändern, was belastet.
2. Gelassen akzeptieren (nicht resignieren), was nicht zu ändern ist.
3. Verlust an Lebenslust und Qualität/ Ausbrennen/ Krankwerden, wenn du weder änderst noch akzeptieren kannst, was ist.

Viele Menschen, die weder Mut noch Gelassenheit in sich finden können, entscheiden sich somit für das Ausbrennen/Krankwerden oder zumindest den Verlust ihrer Lebenslust. Vielleicht denkst du nun, dass es recht hart formuliert ist, dass sie sich dafür entscheiden. Haben sie denn eine Wahl? Ich sage: Ja! Sie haben eine Wahl. Wir haben alle eine Wahl, solange wir bewusst und reflektiert auf unser Leben und uns selbst schauen und mutig sind. Wählst du jeden Tag den Weg der Angst und Vermeidung, ist die Wahrscheinlichkeit hoch, dass du krank wirst. Vielleicht bist du es auch schon. Dann ist nun der Zeitpunkt gekommen, genau hinzuschauen und aufzuräumen, wenn du es nicht schon an Tag 9 getan hast, als du dich mit deinen „7 Energiesäulen des Glücks" beschäftigt hast. Selbstliebe bedeutet nicht, eine Situation bis zur völligen Selbstaufgabe und Erschöpfung auszuhalten, sondern dir ein Leben zu gestalten, welches sich gesund und stimmig anfühlt.

2. Beispiel „Katharina"

Katharina

„Katharina, heute können wir keine Mittagspause machen. Ich habe noch einen Kundentermin angenommen", sagt Annegret, Katharinas direkte Vorgesetzte. Katharinas Magen knurrt vor Hunger. „Ja, wann kann ich denn dann meine Pause nehmen?", fragt sie Annegret. „Ja, weiß ich doch nicht. Die Kunden gehen halt vor. Dann kannst du vielleicht früher gehen."

Katharina seufzt. So was kam oft vor. Kürzlich saß Katharina in der Pause und aß gerade ihr Brot, als die Chefin sie fragte, wie lange sie denn noch sitzen möchte. Sie bräuchte Hilfe. Katharina sagte der Chefin, wie lang ihre Pause noch gehen würde. Aber die Chefin meinte: „Iss mal schneller und dann komm."

Katharina kam an diesem Tag wieder nicht dazu, ihre Pause zu nehmen und konnte auch nicht früher gehen. Und selbst wenn sie die Pausen nehmen konnte, so hatte sie ein schlechtes Gewissen, weil ihre Chefin die ganze Zeit schwer beschäftigt um sie herum wuselte.

Zudem konnte Katharina der Chefin nie etwas recht machen: Sie wäre zu langsam, zu unkonzentriert, würde nicht mitdenken etc. Katharinas Selbstbewusstsein wurde immer kleiner und sie wurde immer müder. Sie bekam Kopfschmerzen und Übelkeit. Urlaubstage musste sie opfern, um private bürokratische Dinge zu erledigen. Nun blieben ihr für das ganze Jahr noch acht Urlaubstage. Ihr Magen krampfte, wenn sie nur daran dachte.

Eines Morgens wachte Katharina auf und schluchzte in ihre Kissen. „Ich kann nicht mehr!", dachte sie sich. Sie spürte keine Kraft mehr, um aufzustehen. Sie meldete sich krank und besprach ihre Situation mit ihrer Ärztin. Diese schrieb sie wegen Erschöpfungssyndrom krank und meinte eindringlich, Katharina müsse etwas ändern, wenn es ihr besser gehen soll. Katharina wollte etwas ändern, aber was genau? Sie sprach mit ihrer Mutter und diese sagte; „Komm, wir machen mal eine Übung zur Selbstreflexion."

3. Übung zum Thema des Tages

Meine „Pling oder Plong"-Methode am Beispiel Arbeit.

Kennst du Marie Kondo? Sie ist eine japanische Ordnungsberaterin. Sie erklärt, wie du beispielsweise deine Kleidung aussortierst. Dazu hält sie ihre Kunden an, das Kleidungsstück in die Hand zu nehmen und zu spüren, ob es ihr Herz berührt oder nicht. Wenn ja, dann sollen die Kunden dieses Kleidungsstück behalten. Wenn nein, so sollen sie sich bei ihm bedanken und es abgeben oder wegwerfen. Inspiriert davon, entwickelte ich die „Pling oder Plong"-Methode in Bezug auf alltägliche persönliche Entscheidungen, die jeder treffen muss. Diese Methode erläutere ich dir nun am Beispiel Arbeit:

1. Schreibe dir auf, was sich genau ändern müsste, dass es dir bei der Arbeit wieder gut geht.
2. Schreibe dir auf, welche Alternativen du beruflich noch hättest. Anderer Arbeitgeber? Andere berufliche Tätigkeit?
3. Gehe zu deinem jetzigen Arbeitgeber und sage ihm, wie es dir geht und was sich aus deiner Sicht ändern müsste, dass es dir besser geht und ob das möglich wäre. Oder was er dir anbieten könne.
4. Lote die Alternativen aus: Schreibe Bewerbungen. Hole dir Informationen zu Umschulungen oder Studiengängen ein. Gehe zur Berufsberatung oder Studienberatungen.
5. Ziehe ein Fazit und spüre hinein, welcher Weg sich für dich leicht und stimmig anfühlt.

Mache jetzt du die „Pling oder Plong"-Methode, die ich mit meinen Coaching-Teilnehmern oft mache:

Vor welcher Entscheidung stehst du gerade?

Höre tief in dich hinein und denke an eine der Möglichkeiten. Macht es in deinem Herzen „Pling" oder „Plong", wenn du an diese Möglichkeit denkst? „Pling" macht es, wenn dein Herz freudig hüpft, beim bloßen Gedanken daran. Du bist neugierig und würdest gerne direkt in die Umsetzung gehen. Dann sollte dein Weg da lang gehen! „Plong" macht es, wenn sich die Möglichkeit, an die du gerade denkst, schwer oder hohl anfühlt. Dein Herz hüpft nicht vor Freude. Du könntest dich kaum motivieren, die ersten Schritte zu tun, um diese Möglichkeit umzusetzen. Da geht dein Weg offensichtlich nicht lang.

Einige Wochen später hatte Katharina sich für eine Umschulung entschieden. Das würde zwar eine Zeit lang weniger Geld bedeuten, jedoch stand sie nun jeden Tag gerne auf und freute sich auf die Arbeit. Sie konnte den nächsten Tag kaum erwarten und ihre Müdigkeit und die Kopfschmerzen waren verschwunden.

4. Blitz-Transfer in den Alltag

Immer wenn du vor einer kleinen oder großen Entscheidung stehst und nicht weißt, wie du dich entscheiden sollst, ob im Job oder bei etwas anderem, mache meine „Pling oder Plong"-Methode. Dein Herz wird dir sagen, was das Richtige für dich ist. Du kannst dich dabei auch mit dem Universum oder Gott verbinden und dann in dich hineinspüren. Anfänglich sind es manchmal nur leise Töne, die dir den Weg weisen. Übst du jedoch öfter, so wird es dir immer leichter fallen, dich mit deinem Herzen zu verbinden und die Töne zu hören. Probiere es einfach aus. Viel Spaß beim Plingplongen!

5. Selbstliebe-Tagebuch

Tag 28, Datum:

So fühle ich mich am Abend des heutigen Tages:

- ○ fabelhaft!
- ○ gut
- ○ müde, aber glücklich
- ○ bewölkt
- ○ fix und fertig

Die heutigen Übungen haben mich wie folgt positiv beeinflusst
(1= gar nicht; 10 = absolut):

1	2	3	4	5	6	7	8	9	10

Das habe ich heute (über mich) gelernt:

Das möchte ich ab sofort in meinem Alltag verändern / in den Alltag integrieren:

Ich liebe mich heute besonders dafür/Das habe ich heute besonders gut hinbekommen:

Damit habe ich mir heute aktiv gutgetan:

Diese Freude möchte ich mir morgen machen:

Sonstige Notizen/To-dos:

Tag 29 | Gelassener Umgang mit Expartnern, auch bei gemeinsamen Kindern

(Vanessa)

0. Wiederholung

- Übe nach deinem „Ich liebe meinen Körper“-Wochenplan. Was steht heute an?
- Gönne dir fünf Minuten an deinem „Selbstliebe-Altar“. Tue dort, was du möchtest: In Stille sitzen, etwas anschauen, lesen, anfassen, eine Kerze anzünden etc.
- Heute schon geplingplongt? Auch bei kleinen Entscheidungen kannst du die Methode einsetzen.

1. Kurze Einführung in das heutige Thema

Möchtest du gelassen mit deinem Expartner umgehen, so kannst du das ganze Selbstliebe-Repertoire durchexerzieren, was du bisher gelernt hast. Denn es erfordert sehr viel Selbstliebe, um so eine Herausforderung zu meistern. Warum? Weil die Themen, die in der Partnerbeziehung nicht gelöst werden konnten, nun zum Beispiel in der Elternbeziehung Gefahr laufen, auch wieder aufzuleben. Deshalb ist der erste Schritt, sich immer wieder klar zu machen: Wir kommunizieren ab sofort nur noch als Eltern! Nicht mehr als Paar!

Dies klappt auch, wenn du mit deinem Expartner noch Kontakt haben musst, weil er beispielsweise ein Arbeitskollege ist oder ihr im selben Fitnessstudio seid. Dann musst du dir sagen: Wir kommunizieren ab sofort ausschließlich als Arbeitskollegen oder als Besucher eines Fitnessclubs. Nicht mehr als Paar. Und so oberflächlich sollten dann auch eure Gespräche sein: Hallo und guten Tag ... Kommunikation auf einer freundlich, aber distanzierten Sachebene.

2. Beispiel „Vanessa“

Vanessa

Vanessa ist seit zwei Jahren von Martin getrennt. Sie haben zwei gemeinsame Kinder, die bei Vanessa leben. Martin sieht seine Kinder einmal in der Woche für wenige Stunden. Mehr Zeit für seine Kinder würde er zwar wollen, bekäme er jedoch nicht hin. Er müsse arbeiten oder sonst etwas. Geld, um Unterhalt zu zahlen, hat er trotzdem nicht. Lange hat Vanessa das geärgert. Alles musste sie ständig alleine regeln. Wenn die Kinder krank waren, musste sie es mit ihrem Chef abklären und sich in den Mitarbeitergesprächen Vorwürfe anhören, da sie so oft krank sei bzw. Kinderkrankenscheine abgäbe. Martin hielt sich achselzuckend aus der Verantwortung heraus. Wenn er jedoch etwas brauchte, scheute er sich noch immer nicht, Vanessa um Hilfe zu bitten. So war es in der Beziehung auch schon. Jegliche Verantwortung blieb an Vanessa hängen und Martin hängte sich zusätzlich mit all seinen Bedürfnissen noch an sie heran. Irgendwann schmiss sie ihn aus ihrem Haus. Trotzdem brauchte sie unheimlich lange, um sich aus seinen Tentakeln zu befreien. Irgendwann machte es jedoch bei ihr Klick! Und sie begann, sich freundlich, aber ganz klar abzugrenzen. Sie hielt sich vor Augen, was sie wirklich wollte: den Kontakt für die Kinder aufrechterhalten und ihre Erwartungen an ihn stark herunter zu schrauben. So lange die Kinder sich bei ihm wohlfühlten, wenn sie bei ihm waren, auch wenn es nicht viele Stunden waren, war es für sie ok. Sie redete freundlich, aber nur das Nötigste mit ihm. Auf spitze Bemerkungen ging sie nicht ein. Sie wertschätzte jedoch auch, wenn er es gut mit den Kindern gemacht hatte. Und zeigte ihm ihre Freude darüber. Martin würde nie so ein Vater sein, wie es ihrer Vorstellung entsprach. Er würde nie Verantwortung in dem Sinne übernehmen, wie sie es für notwendig erachtete und sich wünschen würde. Aber sie akzeptierte das. Sie wusste, dass Martin nicht mehr geben konnte. Dass er nicht mal verstand, was sie von ihm erwartete. Sie hörte auf, es persönlich zu nehmen.

Denn es sagt nichts über ihren Wert oder den Wert ihrer Kinder aus. Sondern lediglich etwas darüber, dass Martin nicht mehr zu geben hatte. Da sie ihren eigenen Wert eben nicht mehr davon abhängig machte, ob Martin sie liebte oder wertschätzend behandelte, konnte sie ihn einfach so sein lassen, wie er eben war. Und zwar ganz gelassen. Als sie ihm keinen Druck mehr machte, wurde er sogar zuverlässiger. Da er aktiv werden musste, wenn er seine Kinder sehen wollte. Und da er sie auf seine Art und Weise schon liebte, richtete er einen festen Tag in der Woche ein, an dem er sie für ein paar Stunden zu sich holte. Vanessa setzte ganz klare Grenzen, wenn er etwas von ihr wollte, außer sie hatte da wirklich gerade Zeit und Lust zu. Und sie achtete darauf, dass es ausgeglichen war. So fing sie an, ihn einfach auch mal spontan einzuspannen. Zum Beispiel drückte sie ihm den Müll in die Hand, wenn er die Kinder brachte, damit er ihn beim Gehen mit rausbrachte. Er maulte dann zwar etwas, aber sie sagte dann nur lächelnd: „Du bist stark. Das schaffst du. Tschüss bis nächste Woche." Sie sagte ihm aber auch, dass er jederzeit die Kinder sehen könnte, wenn sie Zeit und Lust dazu hätten. Damit er merkte, er darf jederzeit mehr Verantwortung übernehmen und ist gern gesehen. Damit entspannte sich alles. Er solle nur vorher kurz fragen. Das tat er dann manchmal auch, z.B. sagte er: „Ich bin gerade in der Nähe, darf ich den Kindern kurz was vorbeibringen?" Und wenn es zeitlich passte, durfte er das gerne tun. Andersherum hatte er jetzt auch mehr Verständnis, wenn sie sagte, dass es gerade ungünstig ist. Denn er hatte die Sicherheit, dass er grundsätzlich als Vater willkommen war.

3. Übung zum Thema des Tages

1. Mache dir bewusst, dass dein Selbstwert nicht davon abhängt, wie dich dein Ex behandelt. Du bist sehr wertvoll und liebenswert. Behandelt er dich nicht schlecht, so sagt es nur etwas über ihn selbst aus.

2. Zeige deinem Ex deinen Selbstwert, indem du ihn in seine Schranken weist, wenn er auf die alte Paarbeziehungsebene

wechselt, egal ob er mit dir flirtet oder dich beschimpft. Beides ist eurer jetzigen Beziehung als Eltern unangemessen. Signalisiere und sage ihm: Wir sind Eltern, mehr nicht. Lasse solche Anspielungen oder ich gehe jetzt direkt aus dem Kontakt.

3. Damit dir 2. leichter fällt: Stelle dir vor, dein Partner sei ein Nachbar, mit dem du kommunizierst. Oder ein Busfahrer oder der Verkäufer im Supermarkt. Welche Art der Kommunikation würdest du dir von ihm gefallen lassen? Wie würdest du reagieren, wenn diese deine Grenzen überschreiten und dich anzüglich oder abwertend behandeln würden? Dürften sie nicht? Warum dann dein Ex ...? Mach auch ihm eine klare Ansage, wenn er sich unangemessen dir gegenüber verhält. Formuliere klar, wie du dich fühlst und was du dir wünschst – zum Beispiel:

„Ich fühle mich gerade unbehaglich. Ich würde mir wünschen, dass du freundlich und wertschätzend mit mir redest. Ich möchte jetzt kurz absprechen, was die Kinder brauchen. Mehr nicht."

Sollte er trotzdem nicht aufhören, dann beende die Kommunikation. Frage deine Kinder, ob sie noch etwas brauchen und wünsche ihnen eine schöne Papazeit. Verabschiede dich kurz und schließe die Tür.

Dein Ex sollte sowieso vor der Tür stehen bleiben, wenn er seine Kinder abholt oder bringt. Denn deine Wohnung gehört zu deiner Intimsphäre und ist schützenswert. Dort dürfen nur Menschen eintreten, mit denen du dich uneingeschränkt wohlfühlst.

4. Praxis-Transfer in den Alltag

Kontakt zu einem Expartner sollte nur dann stattfinden, wenn es unbedingt sein muss, er zum Beispiel die Kinder abholt (siehe oben). Außer du gehörst zu den wenigen, die als Freunde auseinandergegangen sind. Schau aber bitte gut hin, ob du dir nicht nur etwas vormachst ... Bevor du in den Kontakt mit deinem

Ex gehst, mache dir bewusst, wie der Kontakt ablaufen soll und was du auf der Inhaltsebene mit ihm abzusprechen hast. Formuliere dies dann auf der Sachebene kurz und klar und bringe nonverbal durch deine Gestik, Mimik und Betonung zum Ausdruck, dass ihr als Eltern kommuniziert und nicht als Liebespaar – also deutlich distanziert und respektvoll. Selbst wenn ihr das als Paar nicht hinbekommen habt, sollte es nun ein wichtiger Maßstab sein – auf beiden Seiten natürlich. Schaue dir gerne dazu noch mal den Abschnitt „Selbstliebe und Kommunikation" an. Achte darauf, ob dein Ex ebenfalls die angebrachte Distanz bewahrt und respektvoll mit dir umgeht.

Viel Kraft! Du schaffst das! Von Mal zu Mal besser …

5. Selbstliebe-Tagebuch

Tag 29, Datum:

So fühle ich mich am Abend des heutigen Tages:

- ○ fabelhaft!
- ○ gut
- ○ müde, aber glücklich
- ○ bewölkt
- ○ fix und fertig

Die heutigen Übungen haben mich wie folgt positiv beeinflusst (1= gar nicht; 10 = absolut):

1	2	3	4	5	6	7	8	9	10

Das habe ich heute (über mich) gelernt:

Das möchte ich ab sofort in meinem Alltag verändern / in den Alltag integrieren:

Ich liebe mich heute besonders dafür/Das habe ich heute besonders gut hinbekommen:

Damit habe ich mir heute aktiv gutgetan:

Diese Freude möchte ich mir morgen machen:

Sonstige Notizen/To-dos:

Tag 30 | Voller Selbstliebe kleine Monster zähmen: Ich zähle bis 3! – 1…, 2…, 2 ¼… - (Ramona)

0. Wiederholung

- Übe nach deinem „Ich liebe meinen Körper"-Wochenplan. Was steht heute an?
- Gönne dir fünf Minuten an deinem „Selbstliebe-Altar". Tue dort, was du möchtest: In Stille sitzen, etwas anschauen, lesen, anfassen, eine Kerze anzünden etc.
- Konntest du bereits im Kontakt mit deinem Ex die gestrigen Tipps ausprobieren?

1. Kurze Einführung in das heutige Thema

Hast du manchmal das Gefühl, du kannst als Mutter nichts richtig machen? Andere haben gut erzogene Kinder, aber deine tanzen dir auf der Nase herum? Andere wirken perfekt, nur du kommst dir wie eine Versagerin vor? Ich kann dich beruhigen: Alle Kinder sind zu Hause am schlimmsten! Woanders zeigen sie sich meist wesentlich braver. Ist doch besser als andersherum. Oder? Da sie dir am meisten Vertrauen, testen sie gerade bei dir ihre Grenzen aus und erlauben sich ihre Launen. Ist doch irgendwie ein Kompliment! Die nächste gute Nachricht ist: Je entspannter du bist, desto entspannter wird auch dein Umgang mit deinen Kindern. Oft denken wir, wir haben keine Zeit für Sport/Yoga, ein Bad oder ein Buch zu lesen. Aber das stimmt nicht. Wir können all diese Dinge tun, nur: meist nicht alleine. Aber tue sie trotzdem! Auch wenn an der Badewanne 3 Kinder stehen und mit ihren Händen hineinpatschen. Hole dir von deinem Mann, Familie, Freunden, Babysitter etc. Unterstützung, um dir regelmäßig kinderfrei zu gönnen. Ärger dich aber nicht, wenn es nicht klappt, weil wieder ein Kind krank ist oder sonst wie das Leben dazwischen kommt.

Und warte nicht nur auf diese Kinderfrei-Momente, um etwas für dich zu tun. Denn sie sind zu selten. Beziehe deine Kinder lieber in deine Hobbys mit ein. Mache Yoga, meditiere, kümmere dich achtsam um deinen Körper und nimm es mit Gelassenheit, wenn du 1.000-mal dabei unterbrochen wirst. Trotzdem ist und bleibt es manchmal einfach hart. Es gibt Tage, an denen die Kinder einfach nur anstrengend sind und überhaupt nicht hören möchten.

2. Beispiel „Ramona“

Ramona

Ramona ist alleinerziehend und hat drei Kinder im Alter von drei bis acht Jahren. Jeden Abend fällt sie erschöpft ins Bett, wenn die Kinder endlich eingeschlafen sind. Doch irgendwie wollen die Kinder abends gar nicht richtig müde sein, im Gegensatz zu ihr. Sie hat schon alles probiert. Tagsüber geht sie an die frische Luft, auf den Spielplatz oder in den Wald. Sie hat Zubettgehrituale eingeführt, wie Kinderyoga und Buchlesen zum Runterfahren. Doch egal, was sie tut, ihre Kinder schlafen abends oft erst spät ein und sind morgens trotzdem putzmunter. Als sie eines Tages wieder mit den Kindern kämpft, damit sie ins Bett gehen, ruft sie drohend: 1 ... 2 ... 2 ¼ ... da bekommt sie ein großes Kissen direkt ins Gesicht geschleudert. Erschrocken warten ihre Kinder auf die Reaktion ihrer Mutter. Sie machen sich auf ein riesengroßes Donnerwetter gefasst. Doch Ramona fängt plötzlich an zu lachen. Sie hörte gar nicht mehr auf und wackelte beim Lachen hin und her und hält sich den Bauch. Ihre Kinder wissen gar nicht, was los ist. Ramona deutet auf ihre Kinder. „Eure Gesichter!“, prustet sie und schüttelt sich vor Lachen. Dann nimmt sie ein Kissen und eröffnet noch mal die Kissenschlacht. Ihre Kinder erwachen aus der Schockstarre und lachen mit. Kissen fliegen wild hin und her. Nachdem sie sich einige Minuten abgeworfen hatten, sagt Ramona: „So und nun alle ab in Mamas Bett zum Kuscheln!“ „Au ja!“, ruft die Meute. In Mamas Bett. Jippie!“ Alle kuscheln sich unter Ramonas große Bettdecke und an sie heran. „Wir sind jetzt alle ganz leise und zählen kleine Schafe", flüsterte Ramona. "1 ... 2 ... 2 ¼ ..." und schon waren alle eingeschlafen – auch Ramona.

3. Übung zum Thema des Tages

Wertschätze dich selbst:

„Ich bin eine gute Mutter!" Das ist ein Satz, den du dir nicht oft genug sagen kannst. Bitte gebe dir selbst die Wertschätzung, die du verdienst, wenn du betrachtest, was du alles schaffst! Du bist Trösterin, Krankenschwester, Tobekumpel, Köchin, Taxi, Nachhilfelehrerin, Wäscherin, Erzieherin, Einkäuferin, Schneiderin, Reinigungskraft, Kindermädchen und noch sooo viel mehr in einer Person!

Weitere positive Affirmationen können lauten:

„Ich darf als Mutter Gefühle zeigen."

„Ich darf als Mutter Fehler machen."

„Ich darf als Mutter noch Frau sein."

„Ich darf als Mutter an mich selbst denken."

1. Bitte schreibe noch die Affirmationen auf, die dir diesbezüglich in den Sinn kommen:

2. Schreib diese Sätze als Affirmationskarte auf und stecke sie in deine „Positiv Denken-Notfallkiste"!

3. Verleihe dem Aspekt „Ich bin eine gute Mutter" auch nicht in deinem „Ich liebe mein Leben"-Selbstbild Ausdruck und ergänze dein Bild um diesen Aspekt oder male ein ganz neues Bild!

4. Überlege dir zusammen mit deinen Kindern ein wöchentliches Ritual, welches du mit deinen Kindern zusammen durchführst, z.B. gemeinsam Schwimmen gehen oder einen Kuchen backen etc. Das ist etwas, was (außer bei Krankheit) wirklich als Heiligtum ausgeführt werden sollte. Denn das nimmt dir das schlechte Gewissen, wenn du sonst weniger Zeit hast. Es ist feste Qualitiy-Time für euch, die euch allen in guter Erinnerung bleiben wird.

5. Lebe deine Selbstliebe auch vor deinen Kindern! Sie dürfen ruhig mitbekommen, dass Mama es sich wert ist, sich Zeit für sich selbst zu nehmen. Und wenn du deine Selbstliebe wirklich im Alltag lebst und so zeigst, dass du dich selbst schätzt, dann schätzen dich auch deine Lieben umso mehr. Du musst dich nicht komplett aufopfern, um geliebt zu werden!

4. Blitz-Transfer in den Alltag

Wenn du dich selbst liebst und weißt, wer du bist, so kannst du dir selbst eingestehen und verzeihen, wenn du dich nicht perfekt als Mutter verhalten hast. Und du kannst es gelassener nehmen, wenn die Kinder sich wieder einmal nicht so verhalten, wie du es gerne hättest. Denn du hast genug Selbstbewusstsein entwickelt, um das auszuhalten. Es kratzt vielleicht etwas an deinem „Ich liebe mein Leben"-Selbstbild, aber zerstört es nicht völlig. Denn du weißt: Du bist eine gute Mutter. Perfekt ist niemand. Mache dir das jeden Tag mit liebevollen Affirmationen bewusst und übe weiter nach deinem „Ich liebe meinen Körper"-Wochenplan. Umso entspannter kannst du deinen kleinen Monstern begegnen.

5. Selbstliebe-Tagebuch

Tag 30, Datum:

So fühle ich mich am Abend des heutigen Tages:

- ○ fabelhaft!
- ○ gut
- ○ müde, aber glücklich
- ○ bewölkt
- ○ fix und fertig

Die heutigen Übungen haben mich wie folgt positiv beeinflusst
(1= gar nicht; 10 = absolut):

1	2	3	4	5	6	7	8	9	10

Das habe ich heute (über mich) gelernt:

Das möchte ich ab sofort in meinem Alltag verändern / in den Alltag integrieren:

Ich liebe mich heute besonders dafür/Das habe ich heute besonders gut hinbekommen:

Damit habe ich mir heute aktiv gutgetan:

Diese Freude möchte ich mir morgen machen:

Sonstige Notizen/To-dos:

REFLEXION WOCHE 6:

Reflexions-Baukasten „Selbstliebe und andere Menschen“

Du hast nun einige Elemente kennengelernt, die dazu beitragen, Gespräche positiv zu gestalten. Lass uns diese nun noch mal in einem kleinen Schaubild zusammentragen:

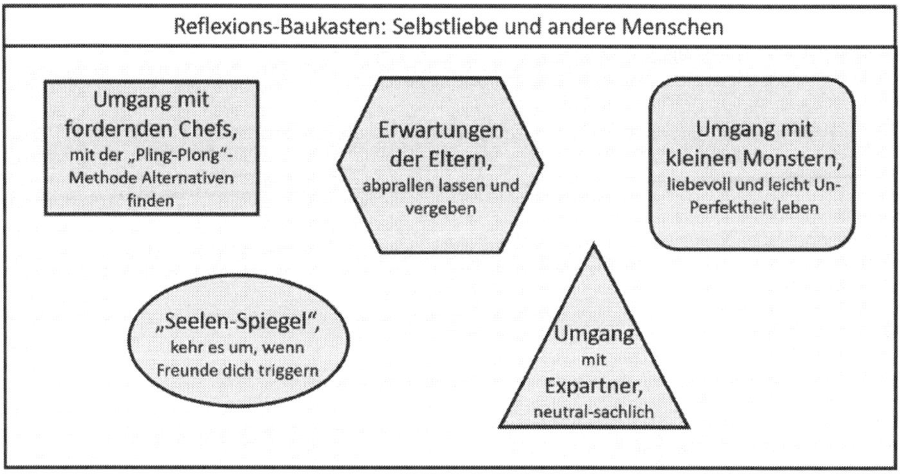

Quelle: eigene Darstellung, © 2022 Yvonne Borowiak - FABELHAFT leben!

Male die Elemente grün an, deren Themen dir bereits klar sind und die du schon recht gut umsetzen kannst. Male rot an, was dir noch nicht ganz klar ist oder was du noch nicht für dich zufriedenstellend umsetzen kannst, woran du jedoch momentan gerne weiterarbeiten möchtest. Lasse die Elemente grau, die für dich momentan nicht relevant sind.

Für jedes grüne Element sage dir: „Herzlichen Glückwunsch! Das mache ich bereits fabelhaft!“

Für jedes rote Element, sage dir: „Interessant, das schaue ich mir beizeiten noch mal an und freue mich auf meine Entwicklung.“

Geschafft! Bravo!

Puuuh! Das war ein Abenteuer! Herzlichen Glückwunsch! Ich hoffe, dir geht es fabelhaft? Du hast dir definitiv das „Mehr Selbstliebe in 30 Tagen"-Zertifikat verdient. Vielleicht magst du es dir einrahmen und über deinen „Selbstliebe-Altar" aufhängen? Feier dich heute definitiv selbst und gönne dir etwas Schönes! Das hast du dir wirklich verdient. Lass uns noch mal anschauen, was du in den letzten 30 Tagen geschafft hast. Hier dazu noch mal der Überblick:

„Mehr Selbstliebe in 30 Tagen" – Überblick

Teil 1, Tag 1-15	Selbstliebe im Alltag aufbauen: Optimiere die Beziehung mit dir selbst
Woche 1, Tag 1-5	Mein Körper – der Tempel in dem ich reise
Reflexion/ Output	Mein „Ich liebe meinen Körper"-Wochenplan
Woche 2, Tag 6-10	Die Seele streicheln und selbstbewusst werden
Reflexion/ Output	Mein „Ich liebe mein Leben"-Selbstbild
Woche 3, Tag 11-15	Den Geist positiv stimmen, zur Ruhe bringen und Kraft tanken
Reflexion/ Output	Mein „Selbstliebe-Altar"
Teil 2, Tag 16-30	Selbstliebe im Alltag einsetzen: Optimiere die Beziehung zu anderen
Woche 4, Tag 16-20	Selbstliebe und positive Gespräche führen
Reflexion/ Output	Mein Reflexions-Baukasten: „Selbstliebe und positive Gesprächsführung"
Woche 5, Tag 21-25	Selbstliebe und Partnerschaft
Reflexion/ Output	Mein Reflexions-Baukasten: „Selbstliebe und Partnerschaft"
Woche 6, Tag 26-30	Selbstliebe und Freunde, Eltern, Chef, Ex-Partner, Kinder
Reflexion/ Output	Mein Reflexions-Baukasten: „Selbstliebe und andere Menschen"

Quelle: eigene Darstellung, © 2022 Yvonne Borowiak - FABELHAFT leben!

Du kannst jetzt alle Punkte abhaken, wenn du möchtest! Und falls du doch den ein oder anderen Tag ausgelassen hast, macht nichts! Selbstliebe heißt doch auch, nicht perfekt sein zu müssen. Und dass du selbst entscheiden darfst, was dir guttut. Also habe deshalb auf gar keinen Fall ein schlechtes Gewissen! Vielleicht bearbeitest du die ein anderes Mal oder eben auch gar nicht. Das darfst du frei entscheiden.

3.1. Dein Selbstliebe-Zertifikat zum Ausfüllen und Draufstolzsein!

Hier also wie versprochen dein „Mehr Selbstliebe in 30 Tagen"-Zertifikat!

Kopiere es oder trenne es vorsichtig aus diesem Buch, schreibe deinen Namen darauf und hänge es, wenn du magst, in einem schönen Rahmen über deinen „Selbstliebe-Altar" auf.

Du kannst das Zertifikat auch ausdrucken. Dazu scanne einfach folgenden QR-Code ein und lade es dir von meiner Webseite:

Über Feedback und Anregungen freue ich mich übrigens immer sehr! Schreibe mir gerne unter:
info@yvonne-borowiak.com

Zertifikat

„Mehr Selbstliebe in 30 Tagen“

Bravo, liebe

____

Du hast „Mehr Selbstliebe in 30 Tagen“- das Praxisbuch“ durchgearbeitet und bist dir bewusst geworden, wie

wundervoll und liebenswert

du bist!

Du versprichst dir, dass du ab sofort darauf achtest, dich selbst in den Mittelpunkt deines Lebens zu stellen

– weil du es wert bist!

Du versprichst dir, deine Energiesäulen weiter aufzubauen und deine Energiefresser mehr und mehr loszulassen.

Du weißt, was deine Werte und Bedürfnisse sind und besitzt den Mut, diese mit stolzer Weiblichkeit im Alltag zu leben.

Datum, Ort_______________ Unterschrift_______________

3.2. Und nun?

Üben und am Ball bleiben. Du hast nun das Rüstzeug und das Wissen, Selbstliebe konkret im Alltag umzusetzen zu können, um dir selbst gutzutun und deine Beziehungen positiv zu gestalten.

Das Wissen und die Techniken, die dir mein „Mehr Selbstliebe in 30 Tagen" – das Praxisbuch" vermittelt haben, sind sehr komplex. Und nicht nur unser Körper, sondern auch unsere Seele und unser Geist brauchen stetige Wiederholung, um Veränderungen anzunehmen und dauerhaft umzusetzen. Es muss dir sozusagen in Fleisch und Blut übergehen. Es muss tief in dein Unterbewusstsein eindringen. Anfänglich solltest du dir ganz viele Dinge weiter bewusst machen und bewusst umsetzen – das ist anstrengend. Doch irgendwann wirst du unbewusst in Selbstliebe leben. Und dann fühlt es sich ganz leicht und selbstverständlich an und gibt dir viel Kraft. Durch die gelebte Selbstliebe löst du mit der Zeit viele Probleme auf. Manche verschwinden sogar ganz automatisch, einfach, weil sie sich mit Selbstliebe nicht vertragen.

3.2.1.

Bleib am Ball! – Gewohnheiten ändern, dauert

Bis du Selbstliebe als Methode für ein entspannteres und glücklicheres Leben als Selbstläufer in deinem Leben integriert hast, dauert es wie gesagt etwas. Um genau zu sein, spricht man von mindestens 90 Tagen, um neue Gewohnheiten zu manifestieren. Sei also geduldig mit dir und bleib einfach am Ball. Vielleicht schaust du jetzt am Ende auch noch mal: Hast du dir wirklich solche Übungen ausgesucht und in deinen Alltag integriert, die dir wirklich Freude machen und dein Herz zum Hüpfen bringen? Durch mein Praxisbuch hast du einige Techniken und Methoden kennengelernt und ausprobiert, aber es gibt natürlich noch einiges mehr, was dir guttun könnte. Also fühle dich frei, dir deinen „Ich liebe meinen Körper"-Wochenplan und überhaupt deinen ganzen „Selbstliebe-Altar" frei zu gestalten. Setze aus meinem Praxisbuch um, was dir gefallen hat und dir Kraft gegeben hat und lasse los, was dir nicht gefallen hat. Du veränderst dich mit der Zeit, weil du neue Erfahrungen machst und dich einfach weiterentwickelst und so darf sich auch deine Art, dir Selbstliebe zu geben, verändern. Probiere aus, bleibe neugierig, gestalte deinen Wochenplan und deinen Altar gerne immer wieder etwas um, sodass alles wirklich gut zu dir und deinem Alltag passt.

3.2.2.

Perfektionismus abbauen ist auch ein Akt der Selbstliebe

An dieser Stelle möchte ich dich noch mal ermuntern, dich von Perfektionismus zu verabschieden. Ich weiß, wir sind gesellschaftlich auf Leistung und Perfektion getrimmt. Doch, da muss man ja nicht mitmachen. Ich möchte dir noch mal sagen:

Du bist wundervoll und wertvoll, genauso, wie du bist! Du bist es wert, dass du dir selbst mit Liebe begegnest. Bist du perfekt? Wenn perfekt sein heißt, dass du ohne Schwächen bist und immer 100 % korrekt handelst, dann: Nein. Natürlich nicht. Niemand ist in diesem Sinne perfekt hier auf Erden. Wir sind hier, um uns zu entwickeln. Punkt. Wir dürfen Fehler machen. Dieser Entwicklungsprozess ist höchst spannend und aufregend. Es ist, wie du in den letzten 30 Tagen gemerkt hast, ein Abenteuer. Doch tief im Innern bist du bereits perfekt. Du hast es nur vergessen und darfst es wiederentdecken. Tief im Innern bist du Liebe, Harmonie und Licht. Es ist alles da. Du bist bereits vollkommen. Du bist göttlich. Und wenn du dich wieder einmal klein und schwach fühlst, wertlos und das Gefühl hast, nicht zu genügen, dann führe dir das bitte immer wieder vor Augen. Und wenn du all das, was du in den letzten 30 Tagen geübt hast, noch nicht richtig verinnerlichen konntest, dann beginne gerne noch einmal von vorne. Und ich verspreche dir, du wirst wieder ganz neue Aspekte in dem „Mehr Selbstliebe in 30 Tagen“-Praxisbuch und auch an dir selbst entdecken, die du vorher noch nicht erfahren hast. Und du wirst wieder mehr Selbstliebe aufbauen. Letztlich ist es eine nie endende Entdeckungsreise und das ist gut so. Der Weg ist bekanntlich das Ziel. Ich wünsche dir von Herzen eine fabelhafte Zeit mit dir selbst.

Deine Yvonne

von Yvonne Borowiak – Fabelhaft leben!

www.yvonne-borowiak.com

Yvonne Borowiak

Anhang

Im Folgenden findest du noch weitere interessante Informationen, die du für dich nutzen kannst.

4.1. Literaturverzeichnis

Betz, R. (2011). Willst du normal sein oder glücklich? Aufbruch in ein neues Leben und Lieben. Heyne Verlag.

Bretz, S. V. (2010). Die Yogaweisheit des Patanjali für Menschen von heute. Verlag Via Nova.

Byron, K. (2009). Wer wäre ich ohne mein Drama? Konfliktlösungen mit "The Work"

Ehret, A. (2011): Gesunde Menschen. Das Fasten- und Ernährungsbuch des Gesundheitsapostels und Lebensreformers, Prof. Arnold Ehret. Rohkost Verlag.

Gordon, Th. (2012). Familienkonferenz: Die Lösung von Konflikten zwischen Eltern und Kind. Heyne Verlag.

Osho (2002). Liebe, Freiheit; Alleinsein. Goldmann.

Rosenberg, Marshall B. (2016). Gewaltfreie Kommunikation: Eine Sprache des Lebens. Junfermann Verlag.

Schulz von Thun, F. (2010). Miteinander reden 1: Störungen und Klärungen: Allgemeine Psychologie der Kommunikation. Rowohlt Taschenbuch.

Stangl, W. (2022, 7. Juni). Bedürfnis . Online Lexikon für Psychologie und Pädagogik.

https://lexikon.stangl.eu/13476/beduerfnis.

Stangl, W. (2022, 7. Juni). Werte . Online Lexikon für Psychologie und Pädagogik.

https://lexikon.stangl.eu/8845/werte.

Watzlawick, P. (2016). Menschliche Kommunikation: Formen, Störungen, Paradoxien. Hogrefe AG.

William, A. (2016): Mediale Medizin. Der wahre Ursprung von Krankheit und Heilung. Arkana.

Yoga Vidya (2019). Das große Yoga Vidya Hatha Yoga Buch. Yoga Vidya Verlag.

4.2. Kopiervorlagen der wichtigsten Übungen/Reflexionen

4.2.1. Rosas Yoga-Workout auf einen Blick

♥ *Übung 1-2, Rosas „Krokodile Dundy"*

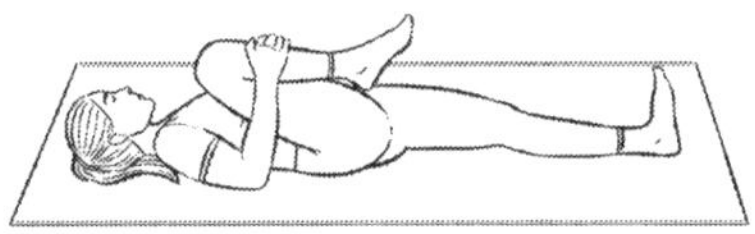

Krokodilübung 1

Krokodilübung 2

♥ *Übung 3-5, Rosas Bauernhof: Katze, Kuh und Hund!*

Übung 3: Katze

Übung 4: Kuh

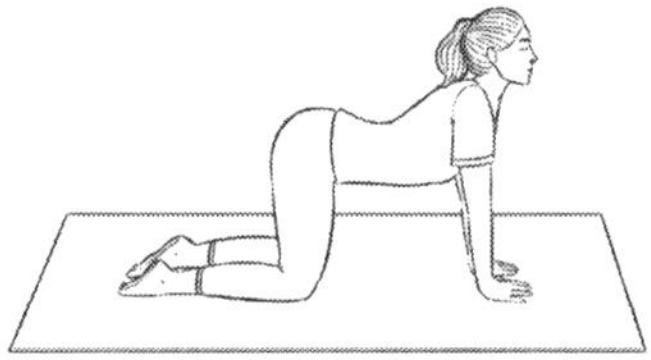

Übung 5: Hund

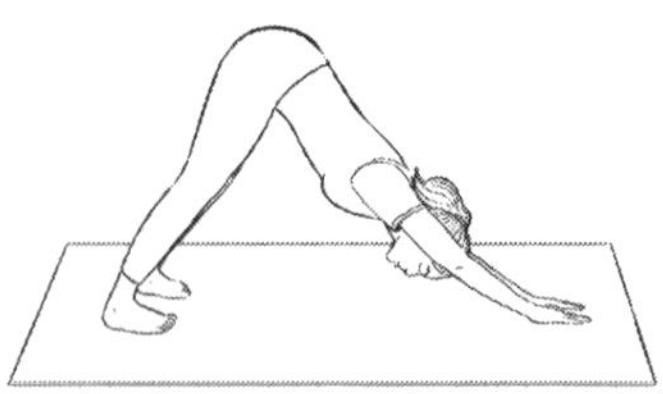

♥ Übung 6-8, Rosas Flussfahrt: Zwei Boote und eine Brücke

Übung 6: Boot 1

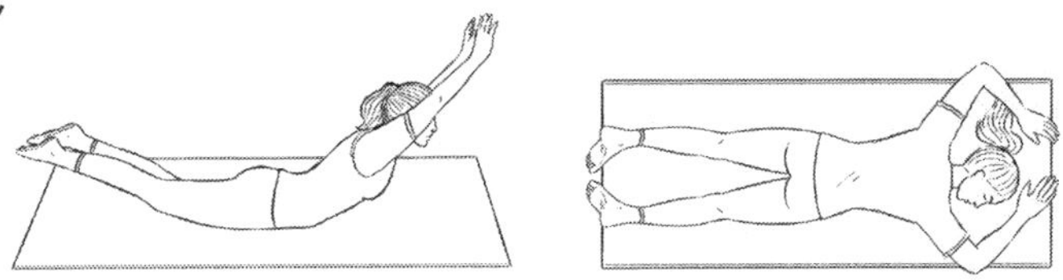

Übung 7: Schulterbrücke

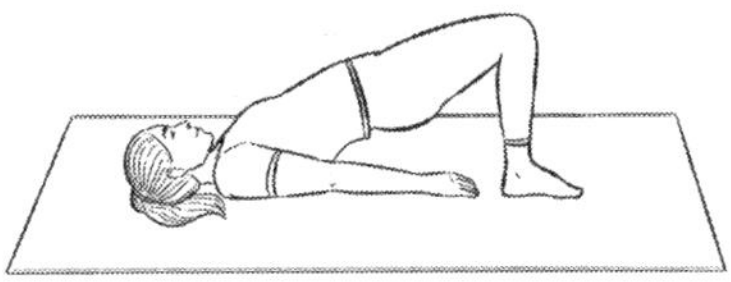

Übung 8: Boot 2

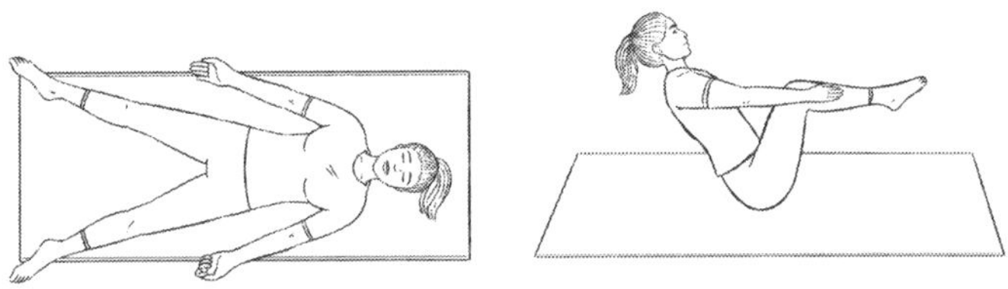

♥ Übung 9-10: Rosas Happy Yoga-Ending

Übung 9: Öffne dein Herz und umarme dich selbst! – Schulterblätterübung

Übung 10: Lass dich hängen! Stehende Vorwärtsbeuge

4.2.2.

Selbstliebe-Tagebuch

Tag ...., Datum:

So fühle ich mich am Abend des heutigen Tages:

- ○ fabelhaft!
- ○ gut
- ○ müde, aber glücklich
- ○ bewölkt
- ○ fix und fertig

Die heutigen Übungen haben mich wie folgt positiv beeinflusst (1= gar nicht; 10 = absolut):

1	2	3	4	5	6	7	8	9	10

Das habe ich heute (über mich) gelernt:

Das möchte ich ab sofort in meinem Alltag verändern / in den Alltag integrieren:

Ich liebe mich heute besonders dafür/Das habe ich heute besonders gut hinbekommen:

Damit habe ich mir heute aktiv gutgetan:

Diese Freude möchte ich mir morgen machen:

Sonstige Notizen/To-dos:

4.2.3. „Ich liebe meinen Körper"-Wochenplan

Sonntag					
Samstag					
Freitag					
Donnerstag					
Mittwoch					
Dienstag					
Montag					

4.2.4.
7 Energiesäulen des Glücks

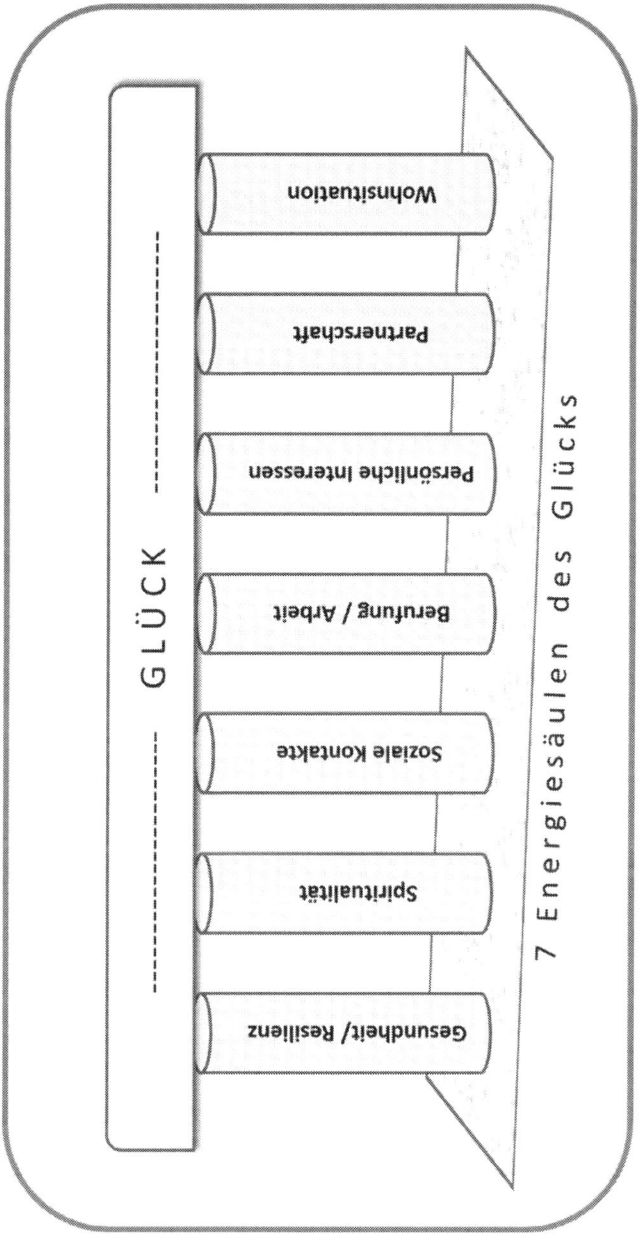

4.2.5. Mein „Ich liebe mein Leben“-Selbstbild

4.2.6. Mein "Mut-Mach"-Brief

Liebe ...

4.2.7.
Mein „Selbstliebe-Altar“

4.2.8. Mein Reflexions-Baukasten „Liebevolle Gesprächsführung“

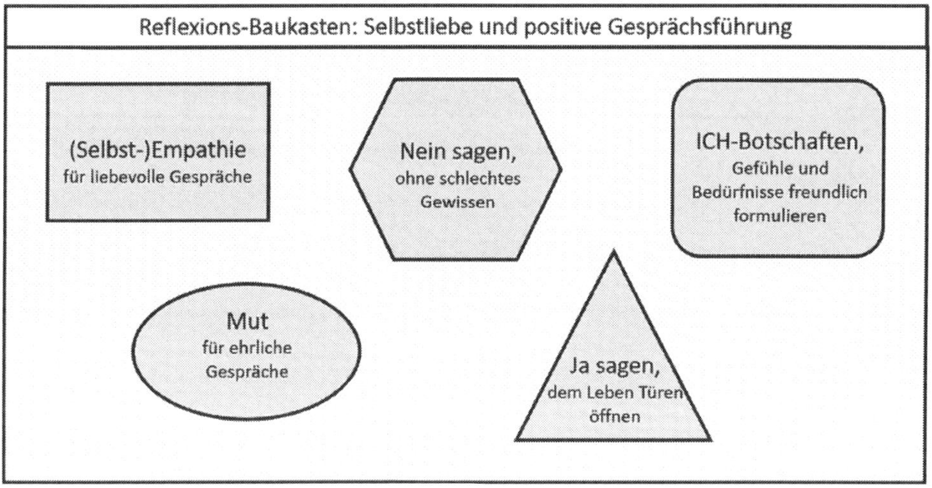

Quelle: eigene Darstellung, © 2022 Yvonne Borowiak - FABELHAFT leben!

4.2.9. Mein Reflexions-Baukasten „Selbstliebe und Partnerschaft“

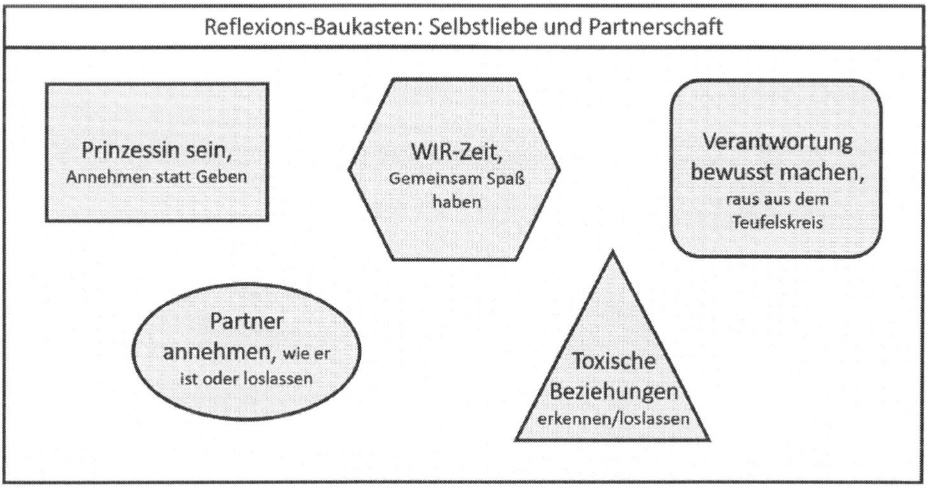

Quelle: eigene Darstellung, © 2022 Yvonne Borowiak - FABELHAFT leben!

4.2.10. Mein Reflexions-Baukasten „Selbstliebe und andere Menschen“

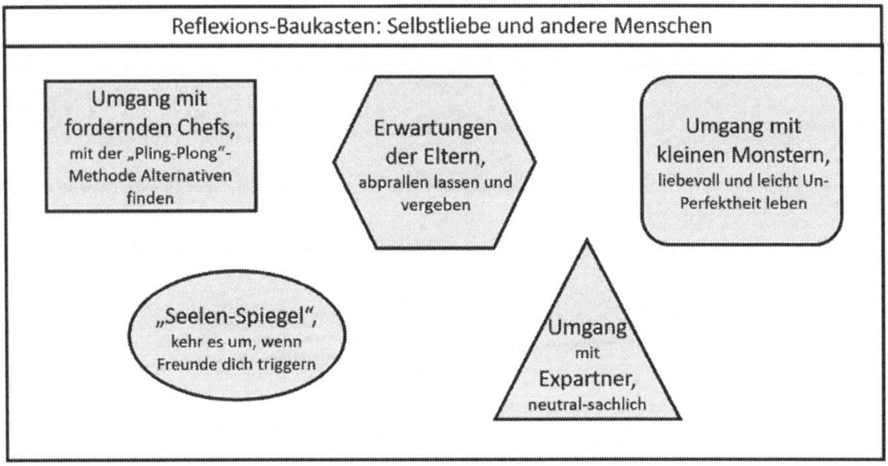

Quelle: eigene Darstellung, © 2022 Yvonne Borowiak - FABELHAFT leben!

4.3. Über die Autorin

Yvonne Borowiak, M.A. soc., ist Expertin für ganzheitliche Persönlichkeitsentwicklung – Autorin, Yogalehrerin und Coach.

Sie hat unter anderem ein Studium in Sozialpsychologie absolviert. Zudem ist sie staatlich anerkannte Krankenschwester und im BYV eingetragene Yogalehrerin.

Ihre Berufung fand sie im Coaching von Menschen, vor allem von Frauen, denen Selbstbewusstsein und Selbstliebe fehlt. Als berufstätige Mutter von vier Kindern weiß sie, wie herausfordernd es ist, sich Selbstfürsorge und Zeit zu schenken – oft sei sie einfach nur fix und fertig gewesen. Doch sie lernte dazu und möchte heute Frauen ihr Wissen und ihre Erfahrung weitergeben. Sie sagt:

„Als Expertin für ganzheitliche Persönlichkeitsentwicklung und Selbstliebe unterstütze ich dich dabei, mehr Selbstliebe aufzubauen, damit du anderen liebevoll und selbstbewusst Grenzen setzen und somit deine Werte leben sowie deine Bedürfnisse erfüllen kannst. – Weil du es wert bist, fabelhaft zu leben!"

Unterwegs in dieser Mission „Selbstliebe" schreibt sie Bücher, gibt Yogakurse, Seminare und coacht Menschen. Sie hat zudem 2022 den „Fabelhaft leben! Verlag" gegründet. Mehr zu ihrer Person und ihren Angeboten findest du unter: www.yvonne-borowiak.com

Fabelhaft leben! Verlag

Yvonne Borowiak

4.4. Weitere Angebote

Selbstliebe Coaching – nur du und ich

Lass uns deine Probleme in Luft und Liebe auflösen.

Im 1:1 Kontakt über ZOOM oder am Telefon kann ich dich persönlich und individuell auf dich abgestimmt begleiten. Wir sprechen über deine spezifische Situation und stellen gemeinsam deinen einzigartigen Selbstliebe-Plan auf. Auf in dein FABELHAFTES Leben!

Selbstliebe Yogakurs - online

Gemeinsam entdecken wir die wohltuende Kraft der herzöffnenden Yogaübungen – und zwar online.

Das hat den Vorteil, dass du an einem Ort deiner Wahl, absolut unabhängig von äußeren Umständen (Kinderbetreuung oder Lockdowns), Yoga angeleitet praktizieren kannst. Stoppe Grübeln und negative Gedanken und tanke Energie. Reden ist Silber, bewegen ist Gold!

Schaue gerne auf www.yvonne-borowiak.com vorbei! Ich freue mich auf dich!

Fotos: Sascha Osterhage | instagram.com/sascha.osterhage.photography

4.5. Danksagung

Als erstes danke ich aus vollem Herzen meiner Schwester Tanja, die stets an mich glaubt, mich mental unterstützt und einfach ein lieber Herzensmensch ist – wir leben zwar weit entfernt voneinander, aber im Herzen sind wir stets verbunden. Großer Dank gilt ebenso unserem Engel in Menschengestalt Helga samt Lothar für ihre tatkräftige Unterstützung und Großherzigkeit – wo wären wir ohne euch? Natürlich bedanke ich mich aus tiefster Seele bei meinen Kindern für ihre Liebe und dafür, dass jeder von euch einzigartig wundervoll ist und ihr mich täglich inspiriert – jeder auf seine besondere Art und Weise. Danke, dass ihr mich zum Lachen bringt, wir gemeinsam lernen und uns entwickeln, ihr geduldig mit mir seid, wenn ich mal wieder am Laptop sitze und dafür, dass ich euch in diesem Leben begleiten darf.

Ich danke herzlich meiner Freundin Romina, die immer ein offenes Ohr für mich hat, mir Mut zuspricht und mich auch erträgt, wenn ich mal rumnörgele. Sowie meiner „Leidensgenossin" Monika – du weißt, was ich meine – dafür, dass sie dazu beiträgt, mich wertvoll und stark zu fühlen und die Bestätigung dafür ist, dass mein Herz sich nicht geirrt hat.

Ich danke Hüseyin mit Havva für ihre jahrelange Unterstützung und Freundschaft, ohne die ich sicher schon einige Male im wahrsten Sinne des Wortes „auf der Strecke geblieben" wäre.

Ich danke meiner lieben Freundin Iris, die mit ihrem täglichen Engagement für Mensch und Tier und ihrem veganen Restaurant (cookies-veggies.de) mein Herz stets höher hüpfen lässt und immer einen wohlig warmen Zufluchtsort bietet.

Ich danke Yoga Vidya für meine spirituelle Entwicklung und die bereichernde Yogalehrerausbildung.

Selbstverständlich gehört mein Dank auch allen, die ihren Teil zu diesem Buchprojekt oder meinem Online-Business beigetragen haben, wie Nomad Publishing, Sascha Osterhage, Tina Müller, Tanja Erdmann, Danileoart, etc.

Und vielen Freunden und Bekannten, die an mich geglaubt haben, wie Chantal, Julia, Mandy, Tina, Nadine, u.v.m. – verzeiht mir, wenn ich nicht alle aufzähle.

Nicht vergessen möchte ich, meiner ehemalige Chefin Margret meine Dankbarkeit auszusprechen, die mich stets beruflich und menschlich unterstützte – ich weiß dies sehr zu schätzen. Auch liebe Grüße und herzlichen Dank an den unermüdlichen Schulleiter und seinem Team der Gesundheits- und Krankenpflegeschule in Herten – es ist mir stets eine große Freude für Sie tätig zu sein. Zudem gilt mein Dank meinen Chefs und Kollegen der rebeq GmbH für die tolerante Planung meiner Wochenarbeitsstunden, die abwechslungsreichen Projekte und die spannende Zusammenarbeit.

Herzliche und liebevolle Grüße gehen natürlich an meine Familie und Freunde in der Türkei, die mich und meine Kinder stets mit offenen Armen empfangen und mit ihrem Lykia (aktive-auszeit.de) ein wahres Yoga- und Wander-Paradies erschaffen haben. Cok tesekkür ederim, özledim. Und Celal, den ich für sein Durchhaltevermögen in einem fremden Land aufrichtig bewundere.

Und auch dir, Kati Babysitter, vielen Dank, dass du meinen Kindern stets mit unermüdlicher, gelassener Freundlichkeit kreativ die Tage versüßt.

Erwähnen möchte ich auch voller Dank: Volker, den besten Hausmeister der Welt – ein Anruf genügt und er ist da!

Ich danke auf das Herzlichste und in liebevoller Erinnerung meinen Großeltern Erich und Brigida für ihr Sein und ihre bedingungslose Liebe zueinander sowie zu Kindern und Enkelkindern – ihr habt mich so geliebt, wie ich bin. Ihr seid meine größten Vorbilder. Ich habe durch euch gelernt, was es bedeutet, ein guter Mensch zu sein und in tiefer Verbindung zu Gott zustehen und die eigene Bestimmung in tiefem Vertrauen und Glaube anzunehmen. Ihr fehlt hier auf Erden.

Ebenfalls in liebevoller Erinnerung und Bewunderung danke ich Janine – wo immer du jetzt sein magst. Du hast Liebe und Licht in diese Welt gebracht und voller Sanftmut und großer innerer Stärke dein Schicksal angenommen. Dein feinfühliger Humor und deine Positivität waren inspirierend. Deine Fähigkeit, den Tag mutig anzugehen und Momente auszukosten und positiv für dich und andere zu gestalten, trotz starker körperlicher Einschränkung, lehrten mich Demut.

Großer Dank gilt auch allen Teilnehmern meiner Seminare, Coachings sowie Yogastunden für euer Vertrauen in mich und den gemeinsamen Prozess.

Und natürlich danke ich in tiefer Liebe Jesus, der mir einst das Licht brachte, als Dunkelheit mich umgab und meinen Engeln.

Und zum Schluss danke ich mir selbst dafür, dass ich den Mut und den unbedingten Willen gefunden habe, meine Berufung zu leben, um dem mir in einer Mantraweihe vergebenen spirituellen Namen „Sukama" gerecht zu werden. Er bedeutet:

„Diejenige, die gute Wünsche hat; die Feinsinnige, die Freudevolle. (...) diejenige, die nach dem Höchsten strebt, die in allem das Gute sieht und die mit Liebe zum Göttlichen tut, was zu tun ist. (...) Wenn du Sukama heißt, dann soll das heißen du liebst das Gute und du willst das Gute bewirken" (wiki.yoga-vidya.de)

„Het komt helemaal goed!", pflegt man in meiner momentanen Wahlheimat den Niederlanden zu sagen. „Es wird alles gut." – und ich finde, das sind schöne Abschlussworte.

4.6. Haftungsausschuss

Dieses Buch enthält Meinungen und Ideen des Autors und hat die Absicht, Menschen hilfreiches und informatives Wissen zu vermitteln. Die enthaltenen Strategien passen möglicherweise nicht zu jedem Leser, und es gibt keine Garantie dafür, dass sie auch wirklich bei jedem funktionieren. Die Benutzung dieses Buchs und die Umsetzung der darin enthaltenden Informationen erfolgt ausdrücklich auf eigenes Risiko. Haftungsansprüche gegen den Autor für Schäden materieller oder ideeller Art, die durch die Nutzung oder Nichtnutzung der Informationen bzw. durch die Nutzung fehlerhafter und/oder unvollständiger Informationen verursacht wurden, sind ausdrücklich ausgeschlossen. Das Werk, inklusive aller Inhalte, gewährt keine Garantie oder Gewähr für Aktualität, Korrektheit, Vollständigkeit und Qualität der bereitgestellten Informationen. Druckfehler und Fehlinformationen können nicht vollständig ausgeschlossen werden.

MEDIZINISCHER HAFTUNGSAUSSCHLUSS

Die hier dargestellten Inhalte dienen ausschließlich der neutralen Information, Weiterbildung und Unterhaltung. Sie stellen keine Empfehlung oder Bewerbung der beschriebenen oder erwähnten diagnostischen Methoden oder Behandlungen dar. Der Text ersetzt keinesfalls eine medizinische Beratung durch einen Arzt, Therapeuten oder Heilpraktiker und er darf nicht als Basis zur eigenständigen Diagnose und Beginn, Änderung oder Beendigung einer Behandlung von Krankheiten verwendet werden. Bei gesundheitlichen Fragen, Beschwerden oder Problemen konsultieren Sie immer Ihren Arzt oder Therapeuten!

Wichtig ist mir folgende Anmerkung: Dieses Buch ist ein Ratgeber, keine wissenschaftliche Abhandlung. Es ist ein Arbeitsbuch, das gewisse Themen bei dir triggern kann. Wenn du merkst, du stößt an deine Grenzen oder dass dir etwas bewusst wird, das du alleine nicht handhaben kannst oder möchtest, suche dir bitte begleitend professionelle Unterstützung von einem Arzt, Therapeuten etc. Manchmal kommen Themen aus dem Unterbewussten hoch, die wir mit Experten besprechen sollten. Selbstliebe heißt auch, den Mut zu finden, zu diesen Baustellen zu stehen und sich intensivere Unterstützung für die Verarbeitung und den Umgang damit zu suchen. Dieses Buch kann und möchte das nicht ersetzen. Es möchte dir helfen, dir selbst gutzutun, zu reflektieren, zu inspirieren und dein Selbstbewusstsein zu stärken. Ein persönliches Coaching oder gar eine Therapie ersetzt dieses Buch nicht.

Printed in Poland
by Amazon Fulfillment
Poland Sp. z o.o., Wrocław

24873546R00175